On the Road

Mit dem Campervan
entlang der **französischen
Atlantikküste**

Carina Hofmeister

On the Road

Mit dem Campervan entlang der **französischen Atlantikküste**

BRUCKMANN

Inhaltsverzeichnis

Oben: Gemütliche Gasse in Saint-Émilion
Unten: Blick aus dem Bullifenster auf die Weinberge von Saint-Émilion

Le Giron Dines
RESTAURANT
RESTAURANT
Le Giron Dines
Château Valandraud
1er GRAND CRU CLASSÉ
Saint Emilion
PRODUCTEUR
Cabane Amélie

Oben: Uriges Café in Saint-Léon-sur-Vézère
Unten: Surfer am Strand der Belle-Île

RIPCURL

Surfer am Plage Nord in Soorts-Hossegor – dem Surfermekka der Atlantikküste

Über *mich*

WARUM EINE REISE AN DIE FRANZÖSISCHE ATLANTIKKÜSTE?

Leben wie Gott in Frankreich!? Endlos oft gehört, endlos oft zitiert … aber vielleicht ist ja doch etwas dran an diesem Sprichwort. Also machten wir – mein Partner Leon Ginzel, der als Reisejournalist arbeitet und mich beim Fotografieren unterstützt hat, und ich – uns auf, um unser vielfältiges Nachbarland zu entdecken, und zwar die Atlantikküste entlang. Unser Reisebegleiter: ein froschgrüner VW-Bus, 32 Jahre alt, hört auf den Namen »Kermit«, Motor und Gangschaltung manchmal ein bisschen eigenwillig – aber was erwartet man auch von einem so alten Herrn? Und tatsächlich: Frankreich hat uns nicht enttäuscht, sondern mit Bravour bestätigt, was wir insgeheim schon vermutet haben: Ja, das Paradies existiert. Und die Chancen stehen gut, dass es irgendwo an der französischen Atlantikküste zu finden ist.

Einmal am Atlantik entlang … von der Bretagne bis fast nach Spanien. Wenn ich an diese Campingreise zurückdenke, habe ich endlose Strände vor Augen, mir steigt der Duft von Pinien in die Nase, ich spüre die wärmende Sonne auf der Haut, erinnere mich ans Baden im kalten Atlantik, das Salzwasser auf der Zunge oder die ersten (kläglichen) Versuche beim Wellenreiten. Meine Gedanken lenken mich zu prall gefüllten Tellern mit Austern und Muscheln, frischem Fisch in Salzkruste, dazu ein kühles Glas Weißwein – französisches Savoir-vivre par excellence!

Momente, in denen wir uns nach einem langen, aufregenden Tag in unsere Campingstühle fallen lassen, vor uns sinkt die Sonne in den Atlantik. Der Bulli steht mitten auf der größten Wanderdüne Europas, während neben uns ein Paraglider mit Anlauf in die Luft startet und anmutig in den Sonnenuntergang schwebt. Auf dem Campingtisch ausgebreitet französische Leckereien, frisches Baguette und der Wein direkt vom Winzer.

Momente, in denen wir voller Glück und Dankbarkeit sind und die pure Freiheit genießen, die diese Art des Reisens erst möglich macht.

Carina Hofmeister

Mit unserem Bulli »Kermit« an der Dune du Pilat

Les Délices du Palais
Pâtisserie
Pain
Viennoiserie

Die Strecke

MIT DEM CAMPERVAN ENTLANG DER FRANZÖSISCHEN ATLANTIKKÜSTE

Wilde Küsten. Karge Felsen. Kilometerlange Dünen. Tiefblaues Wasser. Weißer Sand. Endlose Pinienwälder. Romantische Weinfelder. Wunderschöne Dörfer. Moderne Städte. Und immer an deiner Seite: der weite Atlantik.

Diese 21-tägige Camperreise entlang der französischen Atlantikküste führt dich zu den schönsten Landschaften, den bekanntesten Sehenswürdigkeiten und den hübschesten Städten und Dörfern in Südwestfrankreich. Es erwarten dich einzigartige Erlebnisse, zum Beispiel ein Tag mit einem Austernzüchter in der Bretagne oder die Suche nach geheimnisvollen Trüffeln mit einem Trüffelbauern und seinem Hund im Schwarzen Périgord.

Die 1300 Kilometer lange Route startet in der Südbretagne und führt dich entlang des Atlantiks bis kurz vor die Grenze Spaniens und über das Landesinnere zurück. Die Tagesetappen variieren zwischen 70 und 300 Kilometern, wobei sich Fahr- und Ruhetage abwechseln, damit du ausreichend Gelegenheit hast, die Orte zu entdecken, Aktivitäten zu unternehmen oder einfach am Strand zu entspannen.

Los geht es am Golfe du Morbihan, dem kleinen Meer, und weiter über die Salzgärten von Guérande zum kleinen Hafenstädtchen Le Croisic. Danach erwartet dich die größte Insel des Atlantiks, die Île d'Oléron, auf der es bunte Häuschen und endlose Strände zu entdecken gibt. Das Kontrastprogramm folgt sogleich, denn nach der weiten Insel geht es hinein in die Großstadt Bordeaux. Nach einem Kurztrip in die Hauptstadt des Départements führt die Reise nach Arcachon und zur größten Wanderdüne Europas, bevor du das Surfermekka schlechthin, Soorts-Hossegor, besuchst. Bei der nächsten Station, Saint-Émilion, dreht sich alles um den vielfach prämierten Wein aus der gleichnamigen Region nahe Bordeaux. Dann geht es auch schon wieder zurück ins Landesinnere, ins Schwarze Périgord, und abschließend in das bezaubernde kleine Örtchen Beaulieu-sur-Dordogne.

Oben: Delikate Gebäckteilchen beim traditionellen Bäcker in Le Palais
Unten: Fischer am Hafen von Quiberon

Hauptstadt
Paris

Zeitzone
Identisch mit Deutschland
UTC+1 MEZ, März–Okt. UTC+2 MESZ

Währung
Euro

Amtssprache
Französisch

Ländervorwahl
+33

Reisen in Frankreich

WISSENSWERTES ZU LAND UND LEUTEN

Frankreich, das ist das Land der Liebe und der Leichtigkeit, ein Land facettenreicher Landschaften und kulinarischer Hochgenüsse. Jährlich schätzen rund 80 Millionen Menschen die Vorzüge des größten Landes Europas und lassen sich von seinem Charme bezaubern. Mit einem halben Dutzend Nationalparks, unzähligen Naturgärten und über 40 Regionalparks wird deutlich, wie viel Wert Frankreich auf ein gepflegtes Ökosystem legt. Mit dem Camper kannst du abseits der typischen Touristenrouten einmalige Aus- und Einblicke in ein Land erleben, das man bei dieser Art des Reisens einfach lieben muss. Nicht zuletzt, weil es eine vielfältige und eindrucksvolle Auswahl an erstklassig ausgestatteten Campingplätzen gibt, die bestens an die eigenen Bedürfnisse und Wünsche angepasst werden können.

Einreise

Als Mitglied der Europäischen Union kann man in unser Nachbarland Frankreich sorglos einreisen. Die Grenzübergänge sind häufig gar nicht besetzt, einen Personalausweis oder einen Reisepass solltest du als Identifikationsdokument aber natürlich trotzdem immer mitführen. Kinder benötigen für die Einreise einen Kinderreisepass und die Einverständniserklärung eines Erziehungsberechtigten, sofern dieser selbst nicht mitreist. Für Hunde sind der EU-Heimtierausweis, ein Mikrochip und eine gültige Tollwutimpfung verpflichtend für die Einreise nach Frankreich.

Sicherheit

Die Kleinkriminalität nimmt, wie in fast jedem Land, in Touristengebieten und Großstädten auch in Frankreich leider zu. Bei Ausflügen ist es deshalb ratsam, Wertgegenstände und Papiere immer mitzunehmen oder in einem Safe im Camper einzuschließen, sofern dein Camper nicht auf einem Campingplatz steht.

Das Übernachten auf Parkplätzen oder nicht einsehbaren Stellen ist in der Regel nicht erlaubt und bietet zudem Dieben eine

Oben: Die faszinierenden Felsnadeln von Port-Coton (Belle-Île)
Unten: Traditionelle Häuser an der Felsküste der Belle-Île

publikumsfreie Bühne. An Autobahnen und Raststätten täuschen Kriminelle leider häufig vor, eine Panne zu haben. Es wird empfohlen, nicht auszusteigen, wenn kein sichtbarer Schaden am Auto erkennbar ist. Hartnäckige Gerüchte kursieren auch über Gas-Überfälle auf schlafende Camper an Raststätten und öffentlichen Parkplätzen. Wie viel davon wirklich stimmt, ist nicht genau bekannt. Dennoch ist es am sichersten, auf offiziellen Camping- oder Stellplätzen zu übernachten.

Notrufnummern
Notruf vom Handy: +33 112
Notruf Feuerwehr (Pompiers): +33 18
Notruf Polizei: +33 17
Deutschsprachiger ADAC-Notruf: 04 72 17 12 22

Zahlungsmöglichkeiten

In Frankreich bezahlt man fast überall mit einer »carte bancaire«, also einer Kreditkarte (Visa oder Mastercard), erschreckenderweise sogar ohne PIN und Unterschrift. Melde einen Verlust deiner Karte deswegen so schnell wie möglich. Es empfiehlt sich, die Nummer des Kreditkarteninstitutes mit der deutschen Vorwahl vor der Reise im Mobiltelefon einzuspeichern. Bei dieser Gelegenheit kannst du dich auch gleich informieren, ob und welche Kosten beim Abheben von Bargeld auf dich zukommen.

Auch Zahlungen mit der EC-Karte (»carte bleue«, Maestro) sind mitunter möglich, aber zum Teil mit Schwierigkeiten verbunden. Das Abheben von Bargeld funktioniert damit jedoch problemlos und ist manchmal sogar günstiger als das Bezahlen mit der Kreditkarte.

Trinkgeld

Wenn man in einer Bar oder einem Restaurant eine Rechnung mit Karte bezahlt, kann man das Trinkgeld danach einfach auf dem Tisch liegen lassen. Die empfohlene Höhe des Trinkgeldes wird fälschlicherweise oft mit zehn Prozent angegeben, fällt aber in der Realität meist geringer aus. Mit Beträgen zwischen 50 Cent und ein paar Euro gleicht es also dem deutschen Trinkgeldverhalten.

Klima, Temperatur, Reisezeit

Die geografische Vielfalt macht aus Frankreich ein Land mit vielen verschiedenen Klimazonen. Zusammenfassend könnte man das Klima als gemäßigt bezeichnen – man muss nicht mit allzu großen Hitze- oder Kälteperioden rechnen. Auf unserer Route sollte man sich, je nach Jahreszeit, auf milde Temperaturen und gelegentlichen Regen einstellen. Der

Oben: Frischer Fang – Seespinnen auf dem Markt von Le Palais
Unten: Schicke Cafés in Soorts-Hossegor

TOUCHER.

TANTE JEANNE

Bike Factory

Atlantik sorgt öfters mal für relativ schnelle Wetterumschwünge, beispielsweise in der Bretagne. Dort folgt auf einen regnerisch-windigen Vormittag manchmal auch ein herrlicher, sonnig-warmer Nachmittag. Und wie sagt man so schön? Es gibt kein schlechtes Wetter, nur falsche Bekleidung.

Das beste Wetter für unsere Atlantikküsten-Tour erwartet dich zwischen Mai und September. Wir können als Reisezeit die Monate Mai und Juni sehr empfehlen, da das Wetter dann bereits gut ist und nahezu alle Campingplätze geöffnet haben.

Generell unterteilt sich die Reisezeit in Frankreich – wie in vielen Ländern – in zwei Kategorien: Hauptsaison und Nebensaison. Die Hauptsaison der Franzosen startet mit dem 1. Juli, wenn die großen Ferien in Frankreich beginnen, und endet am 31. August. In diesen Monaten verlassen gefühlt sämtliche Städter ihr Zuhause und fliehen aus der Hitze ans Meer. Urlaub im eigenen Land ist nach wie vor angesagt in Frankreich, daher sind die Küstengebiete meist voll bis auf den letzten Platz. Dazu kommt ein Preisanstieg von 50 Prozent oder mehr für Unterkünfte und Campingplätze. Wer keine schulpflichtigen Kinder hat und deshalb in den Schulferien verreisen muss, sollte die Monate Juli und August lieber meiden. Wer in der Hauptsaison verreisen muss, sollte die Campingplätze unbedingt vorab reservieren und sich erkundigen, ob es einen Mindestaufenthalt gibt. Allen anderen steht eine vielfältige Nebensaison offen, die gegen Mitte März beginnt und bis Ende Oktober geht.

Oben: Mit dem Fahrrad entlang des Atlantiks
Unten: Sonnenuntergang durchs Bullifenster

Straßennetz

Straßen gibt es »en masse« in Frankreich, sodass du das Land der Vielfalt dank eines sehr gut ausgebauten Straßennetzes bequem mit dem Auto oder Wohnmobil erkunden kannst. Alleine zwischen den größeren Städten sorgen 8000 Kilometer Autobahn für ein schnelles Vorankommen »von A nach B« (nicht, dass das für Camper immer erstrebenswert ist, aber manchmal eben doch notwendig).

Umweltzonen

In Frankreich hat man sich im Juli 2016 dem Thema Umweltverschmutzung gesetzlich gewidmet und, wie in Deutschland, die Umwelt- und Feinstaubplakette Certificat Qualité de l'Air (CRIT'Air) für Automobile eingeführt. Damit soll die atmosphärische Umweltverschmutzung durch Feinstaub und Stickoxide in Ballungsgebieten und größeren Städten vermindert werden. Bisher wurden fünf dauerhafte Umweltzonen (ZCR) durchgesetzt und weitere wetterbedingte (ZPA) eingerichtet. Hier kann es an Tagen mit hoher Feinstaubbelastung zu temporären Fahrverboten kommen.

Dauerhafte Umweltzonen
Paris, Lyon, Grenoble
Straßburg und Elsass (tagesaktuelle Hinweise beachten, ab September 2018 dauerhafte Plakettenpflicht!)
Großgemeinde Lille mit 89 Städten und Gemeinden (Autobahnen wie A25, A27, A22, A1 und A3 führen teilweise hindurch)

Je nach Abgaswerten des Autos oder Campers muss eine gültige Plakette an der Windschutzscheibe befestigt werden. Es gelten die europäische Abgasnorm EURO oder die Werte im Jahr der Erstzulassung. Es gibt die Klassen 1 bis 5, eine Plakette für Wasserstoff- und Elektro- und eine für Erdgas-, LPG- und Hybridfahrzeuge. Achtung: Wohnmobile mit einem zulässigen Gesamtgewicht von über 3,5 Tonnen werden als Lkw eingestuft.

Auf www.certificat-air.gouv.fr können die benötigten Plaketten für 4,80 Euro angefordert werden. Unbedingt rechtzeitig bestellen – die Lieferung kann bis zu 15 Tage dauern. Bei Verzögerungen empfiehlt es sich, die Bestellbestätigung der Plakette auszudrucken und bei Kontrollen vorzuzeigen.

Wohnmobil vor dem beeindruckenden Bastidendorf Beynac

Wer sich die 4,80 Euro für die Umweltplakette »sparen« möchte, muss bei einer Kontrolle mit einer Buße von 68 Euro für Pkws und 135 Euro für Lkws und Busse rechnen.

App »Green Zones«
Sehr praktisch ist die kostenlose Green-Zones-App, um tagesaktuell über alle Umweltzonen, Plaketten und wetterbedingten Fahrverbote informiert zu sein. Mit dem geodatenbasierten Kartensystem erhält man bei der Routenplanung eine farblich markierte Übersicht der Umweltzonen. Darüber hinaus ist hier auch die Bestellung bequem per App möglich.

Mautgebühren

In den meisten Teilen Frankreichs ist das Befahren der Autobahnen gebührenpflichtig und wird durch eine Maut abgegolten. Nur im Elsass und der Bretagne ist die Benutzung auf den meisten Fernstraßen aufgrund historischer Hintergründe kostenfrei. Auch die Straßen rund um große Städte wie Paris, Bordeaux etc. befährt man glücklicherweise zum Nulltarif.

Die Höhe der Mautgebühren ist in verschiedenen Tabellen geregelt und bereits vor der Abfahrt im Internet abrufbar. Sie richtet sich nicht nur nach der Größe und Art des Autos, der Entfernung und der Wahl der jeweiligen Autobahn, sondern auch nach den beim Bau

PILOTE

VA867204

BELLE-ILE
CAMPER VANS

der Autobahn entstandenen Kosten – frei nach dem Motto: »Super Straße – höhere Kosten«.

Es kann wahlweise an personell geführten Mautstellen oder an Automaten bezahlt werden. Letztere akzeptieren zwar fast alle gängigen Kreditkarten und Bargeld, aber leider nur äußerst selten EC-Karten. An den Mautstationen – du passierst sie unweigerlich – ist die Bezahlung mit Karte denkbar einfach. Achte jedoch beim Einfahren in die Mautstation auf die Zeichen oberhalb der jeweiligen Schlangen. Viele Franzosen nutzen ein Télépéage-System, das das Fahrzeug beim Durchfahren registriert und die Bezahlung automatisch vornimmt. Die versehentliche Einordnung in einer solchen Schlange mit daraus resultierendem Rückwärtsfahren und Neueinsortieren sorgt nach eigener Erfahrung für viel Gehupe, einen Schwall an fuchtelnden Handbewegungen und genervtes Kopfschütteln bei den Franzosen … und kostet eigene Nerven. Also lieber zweimal hingucken, bevor man sich in eine Schlange einreiht.

Geschwindigkeitsbeschränkungen

Wie jeder routinierte Autofahrer weiß, sind Geschwindigkeitsbegrenzungen abhängig von der Straßenkategorie und müssen an die herrschenden Witterungsverhältnisse angepasst werden (siehe Kasten). Aber Achtung! In Frankreich müssen Fahranfänger, die ihren Führerschein noch nicht länger als drei Jahre besitzen, ihr Fahrtempo auf Schnellstraßen um zehn und auf Autobahnen um 20 km/h verringern.

Der allzu beschwingte Tritt aufs Gaspedal kann – auch für deutsche Urlauber – teuer werden. Seit 2010 werden in Frankreich gesammelte Urlaubsknöllchen nämlich auch in Deutschland eingetrieben. Bei Überschreitungen von mehr als 50 km/h beträgt das Bußgeld bis zu 1500 Euro.

Tempolimits Pkws

Autobahn (A plus Nummer): 130 km/h
(bei Nässe 110 km/h)
Schnellstraßen/Route Nationale
(N plus Nummer): 80 km/h
Bei vierspurigem Ausbau: 110 km/h
(bei Nässe 100 km/h)
Außerorts/Route Départementale
(D plus Nummer): 80 km/h
Innerorts: nicht schneller als 50 km/h

Tempolimits Campingwagen/Wohnmobile (zulässiges Gesamtgewicht über 3,5 t)

Autobahn: 90 km/h
Landstraße: 80 km/h
Stadt: 50 km/h

Oben: Die morgendliche Ruhe am Golfe du Morbihan
Unten: Schicker Bulli auf der Belle-Île

Campen in Frankreich

WISSENSWERTES RUND UM DEN CAMPINGURLAUB

Camping- und Stellplätze

Kein anderes europäisches Land verfügt über eine höhere Anzahl an Camping- und Stellplätzen als Frankreich – für die (wohlverdiente) Pause mit einem Camper stehen mehr als 11 000 offizielle Anlagen zur Verfügung. Campingplätze werden mit einem Sterne-Ranking ausgezeichnet und zeigen damit an, mit welcher Komfort-Ausstattung und welchen Preisen du rechnen kannst. Ganz allgemein ist aber bereits die gängige Ausstattung auf einem guten Niveau.

Dennoch gibt es natürlich große Unterschiede hinsichtlich Größe und Komfort der Plätze. Die Franzosen sind begeisterte Camper und verbringen die großen Ferien am liebsten im eigenen Land auf einem Campingplatz – und das gerne drei Wochen oder länger. Reiste die ganze Familie früher mit Auto und Zelt durch das Land, sind heutzutage vor allem Mobile Homes oder schicke Safari-Zelte auf den Campingplätzen angesagt, aber auch Wohnmobile und Camper haben in der Beliebtheit in den letzten Jahren immer weiter zugenommen. Da viele Franzosen gerne länger auf einem Campingplatz bleiben, gleichen manche von ihnen riesigen Feriendörfern mit großen Badelandschaften, allen erdenklichen Sportmöglichkeiten und Animationsprogrammen für Groß und Klein.

Neben diesen High-End-Plätzen gibt es aber natürlich auch normale bis kleine Campingplätze, die sich vor allem auf die Grundbedürfnisse von Campern eingerichtet haben. »Camping Municipal« heißen jene Stellplätze, die von den lokalen Gemeinden betrieben werden. Da man den Großteil dieser charmanten und preisgünstigen Campingplätze nicht vorab reservieren kann, sind sie besonders für spontane Pausen geeignet.

Wildes Campen hingegen ist in Frankreich generell verboten und wird teilweise mit hohen Geldstrafen geahndet. Häufig ist das Befahren von schönen Plätzen, z. B. direkt am Meer, für größere Campingbusse oder Wohnmobile

Morgenkaffee bei Sonnenaufgang auf der Dune du Pilat

BIALETTI
BUTANE/PROPANE

FENDT

gar nicht erst möglich, da mit Höhenbegrenzungen von maximal zwei Metern vorgesorgt wurde. Zusätzlich wird – besonders in den Sommermonaten! – auch gerne kontrolliert, und die französischen Beamten des Ordnungsamts verstehen dann meist wenig Spaß. Außerhalb der Saison werden manchmal aber beide Augen zugedrückt – dennoch empfehlen wir dir, es lieber nicht darauf anzulegen.

Viele Camper berichten aber auch von kostenlosen Stellplätzen, die ihnen Einheimische angeboten oder empfohlen haben. Fragen kostet nichts – am besten auf Französisch; vielleicht hast du ja Glück. Übrigens: Einige Gemeinden bieten mit dem Hinweis »Camping reglementé – s'adressier à la Mairie« an, sich zunächst beim Bürgermeisteramt zu melden und einen der zugewiesenen Stellplätze des Ortes zu nutzen. Nett!

France Passion

Eine ganz besonders authentische Art des Reisens kannst du mit dem Erwerb des jährlichen France-Passion-Guides erleben. Man entdeckt Straßen und Plätze abseits der üblichen Routen, übernachtet kostenlos auf märchenhaften Anwesen von Weingutbesitzern, Imkern oder Bauern, probiert ökologische Lebensmittel und Getränke wie zum Beispiel Wein, Käse, Honig oder andere Anbauprodukte aus Frankreich ... frisch und direkt vor Ort und so naturnah und authentisch, wie es anders kaum möglich wäre. Der Kauf der landwirtschaftlichen Erzeugnisse ist keine starre Gegenleistung, sondern vielmehr ein weiteres Angebot für Camper. Das du nutzen solltest, denn: So schnell sitzt du sicher nicht wieder bei einem französischen Winzer, um köstlichen Wein zu trinken.

Mittlerweile gibt es über 2000 Gastgeber, die Reisenden mit einem autarken Wohnmobil für jeweils eine Nacht eine Pause in malerischer und ortstypischer Kulisse bieten. Für die einmalige Gebühr von 30 Euro erhältst du deinen France-Passion-Kit für das jeweilige Jahr mit persönlicher Vignette und allen nötigen Informationen zu Gastgebern, Speisemöglichkeiten und anderen Dienstleistungen. Zu bestellen unter www.france-passion.com.

Gas nachfüllen

Wer seine Gasflasche in Frankreich auffüllen muss, sollte sich vorher ein »Europa-Entnahme-Set« kaufen. Im Fachhandel kann man diese Adapter für etwa 17 Euro erwerben und ist bei Reisen durch Europa dann auf der sicheren Seite. Eine Alternative sind die blauen GAZ-Flaschen, die aber mit ihrem Anschaffungs- und Wiederbefüllungspreis sowie einem weiteren Adapter die Urlaubskasse unnötig strapazieren.

Oben: Die wilde Küste bei Quiberon
Unten: Idyllischer Stellplatz an der Dordogne

LE FROMAGER
Matocq
Pur Brebis
au lait cru
FROMAGE des PYRÉNÉES
Selles sur Cher
6,95 €
6,95 €
7,95
2,80 €

BAGUETTE OCEANE
Prix 1€20
Poids 250Gr
Prix/kg 4€80
SARMENTINE
Prix 1€20
Poids 250Gr
Prix/kg 4€80
CERAINE
Prix 1€20
Poids 250Gr
Prix/kg 4€80
POINTE PAYSANNE
Prix 1€10
Poids 250Gr
Prix/kg 4€40
Ficelle
0€75

Sparen in Frankreich

TIPPS, DIE DEN GELDBEUTEL SCHONEN

Bei einer Reise nach Frankreich empfiehlt es sich, die Ausgaben ein bisschen im Auge zu behalten. Mit folgenden Tipps kannst du deine Kosten minimieren.

Essen gehen

Franzosen sind wahre Gourmets, und als Gast in Frankreich will man sich hier sicherlich nicht einschränken müssen. Um euch aber auf Ausflügen in touristische Gegenden einen Preisschock zu ersparen, solltet ihr für eine günstige Selbstversorgung im Supermarkt nach lokalen Produkten schauen und dann Brötchen schmieren, Äpfel schälen, Tee kochen … Für den ersehnten (und definitiv lohnenswerten) Gaumenschmaus in einem Restaurant empfiehlt es sich, etwas abseits der Hauptsehenswürdigkeiten Ausschau zu halten. Hier gibt es meist günstigere und kulinarisch bessere Alternativen. Übrigens: Viele gute Restaurants bieten preisgünstige Mittagsmenüs! Hier bekommt man meist schon ab 13 Euro ein Zwei- bis Drei-Gänge-Menü inklusive einem Glas Wein. Wer also gerne im Restaurant isst, sollte das bevorzugt zu Mittag tun, denn hier lassen sich pro Person leicht zehn Euro oder mehr sparen.

Oben: Frankreich – das Käseparadies!
Unten: Dazu ein knuspriges Baguette vom Markt

Einkaufen

Delikatessen gibt es in Frankreich an jeder Ecke. Egal ob Austern, Meeresfrüchte, Trüffel, Käsespezialitäten oder Wein, die Auswahl ist riesig und die Preise sind im Vergleich zu Deutschland relativ gering. Während man in Deutschland pro Auster gerne zwei bis drei Euro das Stück bezahlt, bekommt man in Frankreich die beste Qualität für sieben Euro das Dutzend. Vorausgesetzt, du kaufst lokal und bei den Produzenten oder auf dem Wochenmarkt. Gleiches gilt für viele andere Produkte. Für die Qualität, die man vor Ort bekommt, bezahlt man in Deutschland meist doppelt so viel. Deshalb unser Tipp: unbedingt bei den lokalen Produzenten zuschlagen und euch über köstliche Delikatessen freuen, die ihr in Deutschland nicht so einfach bekommt.

Cour des Poètes
Restaurant
11
SALLE CLIMATISÉE
LICENCE

Tanken

Ohne Treibstoff keine Reise … dafür gibt es keine Alternative. Bei der Auswahl der Tankstellen kann man aber schnell bis zu 30 Cent pro Liter (!) sparen. Vermeide das Tanken an der Autobahn, die Preise dort sind zum Jammern. Am besten hältst du nach Tankstellen der großen Supermarktketten Ausschau, z. B. von Intermarché, Super U oder Casino. Sie belohnen potenzielle Kunden mit erstaunlich günstigen Spritpreisen im Vergleich zu »normalen« Tankstellen.

Maut

Wer genügend Zeit mitbringt, kann durch die Umfahrung von mautpflichtigen Autobahnen weitere Euro sparen. Dazu einfach im Navigationssystem »Mautstraßen vermeiden« wählen – schon geht es entschleunigt und preisgünstig über die französischen Landstraßen.

Urige Restaurants in Sarlat-la-Canéda

Kommunizieren auf Französisch

TIPPS BEI VERSTÄNDNISPROBLEMEN

Die Kunst, das Leben mit Leichtigkeit, Stil und guten Manieren zu meistern, ist typisch französisch und wird von (noch) gestressten Urlaubern immer wieder bewundert. Dieses berühmte Savoir-vivre – sie können es einfach, die Franzosen.

Vor allem im deutschen Raum hält sich immer noch hartnäckig das Gerücht, dass sich das französische Volk mit Vorliebe ratlos stellt, wenn man ihnen in einer anderen Sprache Fragen stellt. Das kann mitunter daran liegen, dass Fremdsprachen an Schulen lange Zeit sehr praxisfern unterrichtet wurden. Doch wer sich als Tourist ein bisschen Mühe gibt und ein paar Grundwörter Französisch beherrscht, wird schnell merken, wie offen und freundlich die Franzosen gegenüber ausländischen Besuchern sind. Und keine Angst: Selbst ohne Französischkenntnisse kann man als Tourist in Frankreich gut zurechtkommen.

Oben: Französisches Savoir-vivre
Unten: Restaurant in Port des Salines auf der Île d'Oléron

Der gute Wille zählt

Beginnt man ein Gespräch mit einer freundlichen französischen Begrüßung (»Bonjour«), ist vielerorts das Eis schon gebrochen. Bei ein paar einfachen Vokabeln oder dem auswendig gelernten Satz »Je ne parle pas bien français« (»Mein Französisch ist leider nicht so gut«) honoriert auch der stolzeste Franzose den guten Willen und hilft, wo er kann. Mit einem von Herzen kommenden »Merci« zeigt man seine Dankbarkeit. Im digitalen Zeitalter kann und darf man auch eine Sprach-App zücken und Sätze ablesen oder vorlesen lassen.

Zur Begrüßung

Als Tourist kann man sich in Frankreich auf typische Begrüßungen einstellen. Es wird das herzliche französische »bisou« verteilt, also der (eher angedeutete) Wangenkuss. Die Anzahl der Küsschen, die man bei alten oder neuen Freunden verteilt, variiert von Ort zu Ort. Lieber abwarten, was das Gegenüber macht, oder vorher nach der Anzahl fragen. Das sorgt immer wieder für einen Lacher … und verbindet ungemein.

fatboy

RESTAURANT
LE RELAIS DES SALINES

Entfernung
aus Hamburg: ca. 1350 km
aus Frankfurt: ca. 1000 km
aus München: ca. 1300 km

Mautkosten
aus Hamburg: ca. 30–40 €
(abhängig vom Fahrzeugtyp)
aus Frankfurt: ca. 56 €
aus München: ca. 65 €

Die Anreise

ANFAHRTSROUTEN IN DIE BRETAGNE

Hamburg–Golfe du Morbihan

Aus dem hohen Norden bis in die Bretagne ist es ein weiter Weg, den du dir auf zwei oder sogar drei Etappen aufteilen solltest. Mit dem Camper ist das Reisen meist ja ohnehin eher entschleunigt und man kommt nicht ganz so schnell voran wie mit einem normalen Pkw. Als mögliche Zwischenstopps bieten sich zum Beispiel das nette Städtchen Lüttich in Belgien oder Chantilly bei Paris an. Mithilfe einer Stellplatz-App kann man meist auch spontan einen Platz für die Übernachtung finden.

Zunächst geht es die A1 entlang Richtung Ruhrgebiet. Von dort aus fährst du in die Niederlande und hinter Maastricht nach Belgien. Die Bekanntschaft mit den belgischen Autobahnen ist leider kein Highlight der Reise – sie sind in keinem besonders guten Zustand. Schlaglöcher und unebene Bodenbeläge machen das Fahren dort beschwerlich. Glücklicherweise sind es nur etwas mehr als 150 Kilometer, sodass man schnell die Grenze zu Frankreich passiert.

Von dort führen dich die französischen Autobahnen A2 und A1 über Paris in den westlichen Zipfel von Paris. Hinter der französischen Hauptstadt geht es weiter auf der A11 und der A81 bis nach Rennes, der Hauptstadt der Bretagne, und über Land- und Bundesstraßen zum Zielort, dem kleinen, gemütlichen Baden am Golfe du Morbihan.

Frankfurt am Main–Golfe du Morbihan

Mit Frankfurt hast du eine sehr gute Ausgangslage und kommst vergleichsweise schnell in unser Nachbarland Frankreich – die Anfahrt ist in zwei Tagen gut zu bewältigen. Vorausgesetzt, die Straßen sind frei und du bist nicht alleine unterwegs, sodass ihr euch beim Fahren abwechseln könnt. Einen Zwischenstopp könntest du beispielsweise rund um Reims planen. In nur etwa zwei Stunden ist bereits Saarbrücken erreicht – dort passierst du die Grenze nach Frankreich. Auf der französischen A4 geht es über Metz

Oben: Austernfischer bei der Sortierung
Unten: Das berühmte »Wellen-Haus« in Soorts-Hossegor

und Reims weiter bis nach Paris und von dort – wie oben beschrieben – nach Rennes und zum Golfe du Morbihan.

München–Golfe du Morbihan

Von Bayern ist die Anfahrt in die Bretagne wiederum etwas weiter – hier sollte man ebenfalls abwägen, ob man möglichst viel Strecke an zwei Tagen machen oder die Anfahrt in drei Tagesetappen aufteilen möchte und sie somit etwas ruhiger gestalten kann. Empfehlenswerte Zwischenstopps sind Metz oder die Gegend rund um Paris.

Als Erstes geht es über die A8 vorbei an Stuttgart und Karlsruhe und bei Baden-Baden auf die französische Seite des Rheins. Kurz hinter Straßburg gelangst du bereits auf die A4, die dich über Metz und Reims nach Paris führt. Der Weg von der Hauptstadt zum Ziel ist oben beschrieben.

Carina genießt den Blick auf den Atlantik.

Ankunft in der Bretagne – Küste in Quiberon

Die Etappen

Aufenthaltsdauer
2 Tage

Sehenswürdigkeiten
Maison des Mégalithes, Cairn de Gavrinis

Aktivitäten
Bootsfahrten, Kajaktouren, Stand-up-Paddel-Kurs, Ausflüge auf die Inseln Île-aux-Moines und Belle-Île-en-Mer, Nachmittag mit einem Austernzüchter

ETAPPE 1

GOLFE DU MORBIHAN

Golfe du Morbihan

DAS »KLEINE MEER« DER BRETAGNE

Aus dem Bretonischen übersetzt heißt Morbihan »kleines Meer« – sehr passend! Denn das 11 500 Hektar große Areal wirkt tatsächlich wie ein dem Atlantik vorgelagertes Meer mit vielen Inseln, Buchten und einzigartiger Natur. Zwischen den Landspitzen von Kerpenhir und Port-Navalo geht der Golf in den Atlantik über. Nach einer Legende gibt es hier so viele Inseln wie das Jahr Tage hat. Na ja, das stimmt wohl nicht so ganz: Zumindest bei Flut sind es aber um die 40, und 30 davon sind tatsächlich bewohnt. Manche, so heißt es, gehören »steinreichen Amerikanern«. Die größte ist die Île-aux-Moines, auch »Perle des Golfs« genannt. Das Gebiet eignet sich bestens für Segler, Surfer und natürlich Fischer. Vor allem die Austernzüchter finden hier beste Bedingungen. Wasservögel lieben den Golf, der im Rahmen eines speziellen Programmes vor Jahren zu einem besonderen Schutzgebiet ernannt wurde. Die größte Stadt ist Vannes mit ihrem großen Hafen.

Felsküste auf der Belle-Île

Campingplätze

Rund um Baden und den Golfe du Morbihan gibt es einige Campingplätze. Einer der komfortabelsten ist der Campingplatz Mané Guernehué von Yelloh! Village. Er befindet sich im südlichen Teil von Baden, nahe dem Golfe du Morbihan und nur etwa drei Kilometer vom Strand entfernt, ist sehr gut ausgestattet und bietet viele Annehmlichkeiten, insbesondere für Familien mit Kindern. Die 120 Stellplätze sind auf einem großen, leicht terrassierten Wiesengelände verteilt und liegen zum Teil unter schattigen Obstbäumen und großen Platanen. Neben dem für die Feriendörfer der Yelloh!-Village-Gruppe fast schon obligatorischen Erlebnisbad mit Rutschen, Sauna und Fitnessstudio gibt es hier sogar einen eigenen Reiterhof, wo Groß und Klein Reitstunden nehmen oder sogar Ausritte am Strand buchen können, und einen Hochseilgarten. Die Sanitäranlagen sind guter Standard und werden regelmäßig in Schuss gehalten. Eine vorherige Reservierung ist auch in der Nebensaison empfehlenswert, da große Anlagen wie diese längere Aufenthalte ab einer Woche bevorzugen.

Yelloh! Village Mané Guernehué***
52 Rue Mané er Groez, 56870 Baden
Tel. +33 466 73 97 39
www.yellohvillage.de/
Mitte April bis Ende Sept.

Camping Ker Eden***
Route d'Auray, 56870 Larmor-Baden
Tel. +33 297 57 05 23
www.camping-larmorbaden.com
Mitte Mai bis Mitte Sept.

Ein kleinerer, familiärer Campingplatz nahe am Strand ist der Campingplatz Ker Eden. Knapp 100 Stellplätze sind auf einer großen Rasenfläche mit ausladenden, Schatten spendenden Bäumen verteilt. Der Platz liegt etwa 800 Meter von der Ortsmitte von Larmor-Baden entfernt und hat einen eigenen Zugang zu einem kleinen Strand. Dieser ist auch für kleinere Kinder gut geeignet, die im flachen Wasser wunderbar spielen können. Der Platz hat natürlich auch einen Minimarkt mit Brötchenservice. Pizza und anderes Take-away-Food kann beim Campingplatz nebenan bestellt werden. Die Sanitäranlagen wurden in den letzten Jahren renoviert und sind nun recht modern und gut gepflegt. Wer auf ein umfangreiches Bespaßungsprogramm oder Swimmingpools Wert legt, ist hier fehl am Platz; dafür kann man aber hier und am Strand umso besser entspannen.

Oben: Entspannen am Pool des Yelloh! Village Mané Guernehué
Unten: Grüne Stellplätze auf selbigem Platz

Baden – gemütliches Dorf am Golfe du Morbihan

Der Ort Baden ist ein verschlafenes Kleinod: gemütliche Steinhäuser, eine hübsch angelegte Dorfstraße, eine Kirche sowie zwei Kapellen, ein paar Cafés und Restaurants – nicht mehr, aber auch nicht weniger. Und er eignet sich hervorragend als Ausgangspunkt für alle Entdeckungen rund um den Golfe du Morbihan. Tatsächlich gehört das unscheinbare Baden aber eigentlich zu den größeren Städtchen am Golfe du Morbihan, das vor allem mit natürlichen Highlights und der Nähe zum Golf selbst als mit städtischen Sehenswürdigkeiten punktet. Dennoch gibt es auch in Baden das eine oder andere zu entdecken.

Die **Kirche Saint-Pierre** in der Mitte der Stadt ist kaum zu übersehen, denn sie bildet den zentralen Mittelpunkt direkt an einem kleinen Marktplatz. Ein kurzer Besuch in der Kirche lohnt sich, denn einige der Strebepfeiler sind noch römischen Ursprungs und das imposante hölzerne Altarbild stammt aus dem 16. Jahrhundert. Außerdem sind die beiden Kapellen von Locmiquel und Mériadec einen kleinen Abstecher wert. Beide stammen be-

D 316
VANNES
PORT BLANC
TOULBROCHE
AURAY
golf de Baden
cimetière
salle du Gréo

reits aus dem 12. Jahrhundert und wurden im Laufe der Jahre wiederaufgebaut und instand gesetzt. Besonders schön ist die blau-goldene Decke mit Sternenhimmel in der Kapelle von Locmiquel.

Märkte in der Region

Der Golf von Morbihan ist ein hervorragendes Revier zur Kultivierung von Meeresfrüchten. Hier werden sowohl Austern als auch Miesmuscheln und andere Muscheln gezüchtet und natürlich wird auch regulär Fisch gefangen. Wenn du ein Meeresfrüchte-Fan bist, solltest du auf jeden Fall einen der vielen Märkte rund um den Golf besuchen und dich mit Muscheln und Co. eindecken. Derart frisch gefangen und direkt über dem Campingkocher zubereitet, sind sie ein unvergleichlicher Genuss!

Wochenmarkt Larmor-Baden
nur sonntags (ab ca. 8 Uhr), ganzjährig
Place de l'Eglise

Wochenmarkt in Baden
Fr nachmittags am Kirchplatz

Wochenmarkt auf der Île-aux-Moines
Fr vormittags (ca. 8 Uhr), ganzjährig
Place du Marché

Gourmet- und Kunstmarkt in Baden
Juli–Aug. Mi 14–20 Uhr
Steg von Port-Blanc

Auf den Märkten findest du aber auch andere Spezialitäten aus der Umgebung, zum Beispiel die leckeren Kuchen mit Salzbutter oder den typischen Cidre. An den Ständen kommt man schnell mit den Verkäufern ins Gespräch und kann viele Produkte probieren. Man sollte unbedingt genug Bargeld mitnehmen, um bei all diesen Leckereien zuschlagen zu können!

Auf den Spuren megalithischer Kultur

Bei deinem Aufenthalt am Golfe du Morbihan solltest du eines der letzten Geheimnisse der Region nicht verpassen: die **Hinkelsteine von Carnac**. Fast 3000 Menhire, genauer gesagt 2792 Stück, stehen hier in Reih und Glied auf knapp vier Kilometern aufgereiht und nach Größe angeordnet, und das seit 5000 bis 3000 v. Chr. Damit bilden die Steinfelder Ménec, Kermario und Kerlescan die größte Hinkelsteinsammlung der Welt. Die kleinsten Steine sind knapp 40 Zentimeter groß, der größte 6,50 Meter hoch. Die perfekte reihenförmige Anordnung sowie die Bedeutung der Steine geben Experten auch heute noch Rätsel auf. Wer hat sie aufgestellt? Was stellen sie dar? Waren es Grabstätten? Versammlungsorte? Oder dienten sie der Astronomie?

Das Infozentrum Maison des Mégalithes versucht, Antworten zu geben und die Geschich-

Die Kirche im gemütlichen Dorf Baden am Golfe du Morbihan

te der Steine aufzuzeigen. Im Winter ist der Zugang zu dieser Stätte kostenlos möglich, im Sommer hingegen kann man aufgrund des hohen Andrangs und zum Schutz der Menhire nur unter Anleitung eines Führers auf das Gelände (die Führungen starten am Infozentrum). Eine Besichtigung von außen und ein schöner Spaziergang rund um die Felder sind jedoch auch im Sommer problemlos möglich.

Übrigens: Das Wort »carnac« soll vom keltischen »Kern« kommen, was so viel wie Stein oder Fels bedeutet. Dieser Wortstamm ist auch im Wort »cairn« vorhanden, das steinerne Grabhügel bezeichnet.

Maison des Mégalithes
Lleu-dit le Ménec, 56340 Carnac
Preis Führungen: Erwachsene 11 €,
Kinder (7–17 J.) 6 €

Ein weiteres Highlight megalithischer Kunst ist das runde »**Cairn de Gavrinis**« (Grabstätte von Gavrinis) auf der Île de la Chèvre, die nur mit einer kurzen Bootsfahrt zu erreichen ist. Allein die Größe der Grabstätte ist schon beeindruckend, denn die kunstvoll aufgestapelten Steinplatten erreichen zum Teil eine Höhe von acht und einen Durchmesser von mehr als 50 Metern. Doch die eigentliche Sehenswürdigkeit befindet sich im Inneren des Steinbauwerks. Dort befindet sich ein beeindruckender Dolmen, ein Megalith-Bauwerk, das aus riesigen Steinplatten besteht, welche Gänge und Decke des Bauwerks formen.

Insel und Grabstätte können nur zusammen mit einem Guide besichtigt werden. In kleinen Gruppen geht es durch den Torbogen und den 14 Meter langen Grabgang entlang zur Grabkammer. Auf dem Weg kann man zusammen mit dem Guide Zeichen auf den Steinplatten entdecken, vor allem Kreise, Spiralen, aber auch Schlangen, Äxte und Bögen. Im Inneren der Grabkammer sind auf einer gigantischen, vier Meter großen Platte zum Teil auch Personen und Tiere zu erkennen. Neben der Bedeutung der Motive und der damaligen Religion vermittelt die Tour auch noch Interessantes über das Leben der Völker vor mehr als 4000 Jahren vor Christus.

Die Tour dauert etwa 1,5 Stunden und wird zwischen Ende März und Ende September angeboten – in der Nebensaison von Dienstag bis Sonntag etwa viermal am Tag, in der Hauptsaison täglich mehrmals pro Stunde. Treffpunkt (30 Minuten vor Beginn der Tour) ist der Bootssteg in Larmor-Baden, Tickets sind sowohl online als auch vor Ort am Stand erhältlich.

Übrigens: Die Steine von Gavrinis oder die Megalithen von Carnac wiegen teilweise zehn bis 20 Tonnen und mehr; einige von ihnen

Oben: Vielfalt an Meeresfrüchten auf dem Wochenmarkt
Unten: Die Hinkelsteine von Carnac

Coquille Saint Jacques
Prix au kilo
7,70
Unité de vente
Origine
7,70 €
1kg
vivantes
Origine

wurden bis zu zehn Kilometer bewegt, und das wohlgemerkt 4500 Jahre vor Christus. Welchen Zaubertrank die Lieferanten da nur getrunken haben?

Cairn de Gavrinis
Cale de Pen Lannic, 56870 Larmor-Baden
Preis Führungen 18 €, Kinder 8 € (10–17 J.),
4 € (unter 10 J.), Familien 42 €
www.cairndegavrinis.com

Aktivitäten am Golfe du Morbihan

Eine etwas sportlichere Art, den Golfe du Morbihan zu entdecken, und sehr empfehlenswert ist dessen Erkundung per Kajak oder auf dem Stand-up-Paddel. Vom Wasser aus hat man gleich eine ganz andere Perspektive und nimmt den Golf viel intensiver wahr. Die Strömungen bei Ebbe, das sich kräuselnde Wasser, der leichte (oder manchmal auch stärkere) Wind und die vielen Seevögel kann man auf dem Wasser hautnah erleben. Während einer **Kajaktour** lassen sich auch die vielen kleinen Inseln bestaunen, auf denen Vögel aller Art leben. Die Zahl der kleinen und größeren Inseln ändert sich kontinuierlich mit dem Stand des Wassers. Man kann sich entweder einer geführten Tour anschließen oder alleine per Kajak oder SUP den Golf erkunden. Wir empfehlen das gemeinsame Erlebnis mit einem Guide, da die Strömungen an einigen Stellen im Golf sehr gefährlich sein können! Und: regenfeste Kleidung, Wechselklamotten, Wasser und einen Snack nicht vergessen!

Oben: Die imposanten Felsnadeln von Port-Coton auf der Belle-Île
Unten: Leuchtturm an der Pointe du Poulains (Belle-Île)

Nautik Experience
Preis Kajakmiete ab 15 €, geführte Paddel- oder SUP-Tour ab 25 €
www.nautik-experience.fr/

Für einen Tagesausflug eignet sich die größte Insel des Golfe du Morbihan, die **Île-aux-Moines**, was übersetzt »Insel der Mönche« bedeutet. Der Name stammt bereits aus dem 9. Jahrhundert, als der König der Bretagne den Mönchen der Abtei Redon diese Insel schenkte. Auf die »Perle des Golfes«, wie sie häufig auch genannt wird, kommst du ganz leicht mit der Fähre von Port-Blanc. Nach nur zehn Minuten Überfahrt ist kannst du die ganze landschaftliche Schönheit des kleinen Archipels genießen: Eukalyptusbäume, Pinien und Olivenbäume säumen die kleinen Hügel der Insel, geschützte Buchten wechseln sich mit felsigen Landspitzen ab und hübsche Sandstrände laden im Sommer zu einem erfrischenden Bad ein. Auch die kleinen Ortschaften erinnern so gar nicht an die Bretagne, im Gegenteil. Man fühlt sich fast wie auf einer griechischen Insel, denn die weiß getünchten Fischerhäuschen mit den Blumen in den Vorgärten versprühen wahrlich mediterranen Charme. Zahlreiche Künstler haben die Schönheit der Insel bereits entdeckt und präsentieren ihre Aquarelle, Fotografien und Bilder in kleinen Ateliers oder in wechselnden Ausstellungen im Rathaus.

Unser Tipp: Nimm unbedingt dein Fahrrad mit oder miete dir eines auf der Insel! Mit dem Drahtesel kannst du durch die kleinen Gässchen radeln, auf den Fahrrad- und Wanderwegen die sanft hügelige Landschaft genießen oder auch Sehenswürdigkeiten wie die Großsteingräber im Süden erkunden. Eine Runde um die gesamte Insel beträgt etwa 20 Kilometer, sodass man ganz entspannt auch die kleinen Orte samt Restaurants und Cafés wie Port Miquel zwischendrin entdecken kann.

Île-aux-Moines
Fähren Juli–Aug. 7–22 Uhr, Sept.–Juni 7–19.30 Uhr, tgl. alle 30 Min. vom Quai Port-Blanc, Baden
Preis Hin- und Rückfahrt: Erwachsene 5,50 €, Kinder unter 4 J. 3 €, Fahrrad 4 €

Kein Ort trägt seinen Namen mit größerer Berechtigung als die **Belle-Île-en-Mer**, die »schöne Insel«. Zwischen ruhigen Stränden, sonnigen Dünen, spektakulären Steilküsten und farbenfrohen Häfen bietet sie ein Landschaftsmosaik der schönsten Art. Die Insel hat durch ihre landschaftliche Vielfalt schon seit jeher Künstler, Dichter, Schriftsteller und Maler inspiriert – deshalb solltest du auch unbedingt einen Tag für einen Tagesausflug einplanen. Mit der Fähre von Quiberon gelangt man in knapp 45 Minuten auf die Insel – das Wohnmobil kannst du auf dem Parking du Varquez stehen lassen und zum Hafen spazieren; oder du nimmst den Bus von Baden nach Quiberon. Um die größte bretonische Insel in Ruhe zu erkunden, nimmst du dir am besten ein E-Bike, denn sie ist wider Erwarten erstaunlich hügelig, an manchen Stellen sogar steil.

Die Fähre bringt dich direkt zum Hauptort der Insel: Le Palais. Ein Bummel auf dem Markt, der jeden Vormittag stattfindet, ist die perfekte Einstimmung auf einen tollen Tag. Hier kannst du auch das E-Bike (oder ein kleines E-Auto) mieten und auf Erkundungstour gehen.

Auch ein Besuch im malerischen Naturhafen von Sauzon ist Pflicht für jeden Besucher der Belle-Île. Die pastellfarbenen Häuser, die geschützte Meeresbucht mit den vielen Segelbooten und einige nette Restaurants direkt am Hafen machen Sauzon zu einem begehrten Motiv für Maler und Fotografen.

Oben: Der Hafen von Le Palais, Hauptstadt der Belle-Île
Unten: Das malerische Dörfchen Sauzon auf der Insel

LOCATION JOURNÉE - CROISIÈRES
06 22 89 80 10

VA 504765

PHARE
DE
GOULPHAR
CIRCULATION
INTERDITE
A TOUT
VEHICULE
ETRANGER
AU SERVICE

Die Pointe des Poulains ist die bekannteste Landspitze der Insel, an der sich die berühmte französische Schauspielerin Sarah Bernhardt Ende des 19. Jahrhunderts niederließ und ihr so zu ungeplantem Ruhm verhalf. Heute kann man neben dem wilden Kap sowohl den Leuchtturm als auch das Haus der Schauspielerin, ein ehemaliges Fort, besichtigen.

Die markanten Aiguilles de Port-Coton (die »Felsnadeln von Port-Coton«) haben seinerzeit schon Claude Monet inspiriert und wurden von ihm auf mehreren seiner berühmten Gemälde verewigt. Sie stehen auch heute noch genauso beeindruckend an der zerklüfteten Küste der Belle-Île und bezaubern mit ihrem grandiosen Anblick und dem Naturschauspiel des Meeres und der Felsen.

Belle-Île-en-Mer
Fähre ganzjährig
Preis Hin- und Rückfahrt ab 15 €, Kinder ab 8 €
www.compagnie-oceane.fr/de/node/1

Ein echter Geheimtipp ist folgender Ausflug: Wenn du schon immer wissen wolltest, wie Austern gezüchtet werden, kannst du einen erstklassigen **Nachmittag mit einem Austernzüchter** verbringen. Ivan Selo, Austernzüchter in fünfter Generation, nimmt dich mit auf eine Entdeckungsreise in die Welt der Austern. Von Baden aus geht es mit seinem Elektroboot hinaus zu seinen Austernbänken, die er in der Nähe von Locmariquer, auf der Insel Longue und nahe Quiberon besitzt. Während der knapp 30-minütigen Fahrt beantwortet Ivan alle erdenklichen Fragen zum Thema Austern und zum Golfe du Morbihan, den er wie seine Westentasche kennt.

Der Leuchtturm Phare de Goulphar kann auch besichtigt werden.

Angekommen bei den Austernbänken, dürfen die Mitfahrer nun auch aktiv werden: Als Erstes werden Wathosen angezogen und dann muss vorsichtig auf die Austern geklopft werden. Das Klopfen verhindert das Längenwachstum der Muschel und zwingt sie, stärker in die Breite zu wachsen. Das ergibt eine schönere Form und vermutlich mehr Fleisch in der Muschel. Drei bis vier Jahre dauert die Aufzucht einer Auster, die einer kontinuierlichen Behandlung des Austernzüchters bedarf, nur um dann beim Verzehr in wenigen Sekunden hinuntergeschluckt werden.

Bei Ivan gibt es nach getaner Arbeit in der Austernbank natürlich auch eine Belohnung: Du darfst auf dem Boot seine Austern verkosten. Dazu gibt es Weißwein, Brot und gesalzene Butter – ein wahrer Festschmaus! Der Ausflug dauert etwa 2,5 Stunden und findet je nach Gezeitenstand morgens oder nachmittags statt. Reservierungen können im

Internet vorgenommen werden. Französischkenntnisse sind hilfreich, aber nicht zwingend notwendig. Denn auch wenn wir von Ivans Erklärungen zum Lebenszyklus der Auster vielleicht nur die Hälfte oder weniger verstanden haben, hatten wir einen großartigen Vormittag! (Wein und Austern haben sicherlich nicht unwesentlich dazu beigetragen.)

Nachgefragt

Die besten Tipps der Locals im Interview

Ivan Selo ist Austernfischer am Golfe du Morbihan. Neben der Austernzucht führt er Touristen mit seinem Elektroboot zu seinen Austernbänken und verkauft die Muscheln direkt in seiner Cabane (siehe Seite 57).

Hallo Ivan! Du führst schon in der fünften Generation das Familienunternehmen mit der Austernzucht. Was liebst du an deinem Job?

IVAN SELO: *Ich finde es fantastisch, jeden Tag draußen an der frischen Luft und mit der Natur zu arbeiten. Ich arbeite ja mit einem Lebewesen, einem lebendigen Tier. Jeder Tag auf dem Wasser ist anders, ich erledige täglich andere Aufgaben. Das liebe ich an diesem Beruf so sehr! Ich könnte niemals in einem Büro arbeiten. Nie! Der Golfe du Morbihan ist für mich ein Paradies … so ruhig, so schön. Einfach magnifique!*

Wie haben sich die Austernzucht und dein Geschäft in den letzten Jahren verändert?

IVAN SELO: *Die Austernzucht läuft noch immer sehr gut, aber wir haben unser Geschäft vor etwas mehr als fünf Jahren erweitert und wir bieten jetzt mehrmals die Woche Fahrten mit unserem E-Boot raus zu den Farmen an, um den Besuchern zu zeigen und zu erklären, wie wir arbeiten und wie die Austern entstehen. Außerdem verkaufen und kochen wir die Austern direkt vorne in der Cabane; das ist auch neu.*

Hast du einen Lieblingsort an der Atlantikküste?

IVAN SELO: *Mein Lieblingsort an der Atlantikküste ist meine Heimat, der Golfe du Morbihan. Er ist einfach außergewöhnlich und superschön. Die Bucht ist geschützt, Wind und Wellen sind immer nur leicht und es gibt noch nicht zu viele Touristen. Für mich ist es einfach das Paradies. Aber natürlich gibt es auch noch viele andere Orte an der Küste, die wunderschön sind. Ich mag zum Beispiel die Ecke oben bei Brest und das Felsenkap von Pointe du Raz sehr gerne.*

Verrätst du uns noch dein Lieblingsrezept mit Austern?

IVAN SELO: *Frisch und roh natürlich! Aber wenn es ein Rezept sein soll, dann am liebsten*

Austernfischer Ivan zeigt stolz seine Schätze!

MUSTO

ein ganz simples, das man leicht zubereiten kann: »Huitres beurre persillé«, also im Ofen gratinierte Austern mit Butter und Petersilie. Dazu einfach Austern mit Butter bestreichen, etwas Paniermehl und Petersilie draufstreuen und dann für fünf Minuten unter den Grill stellen. Voilà! Einfach köstlich!

»Au Rythme des Marées«
Pointe de Toulvern
Preis 40 €, Kinder 18 € (bis 12 J.)
www.aurythmedesmarees.fr

Austern-Cabane »Au Rythme des Marées«
Pointe de Toulvern, 56870 Baden
www.aurythmedesmarees.fr

Ab zum Strand!

Was wäre eine Reise entlang der Atlantikküste ohne Badevergnügen? Ein empfehlenswerter, weil schöner kleiner Strand ist der **Plage des Sept-Îles** am Ende der Halbinsel von Locmiquel. Er ist besonders für Familien gut geeignet, denn er ist sehr übersichtlich und läuft flach ins Wasser hinein – das ideale Terrain für Kinder. Trotzdem sollte man natürlich ein Auge auf die Kleinen haben, denn weiter draußen kann der Golfe du Morbihan starke Strömungen entwickeln und sehr gefährlich werden. Ein Teil des Strands ist bei Ebbe mit einer der Sept-Îles verbunden und man kann wunderbar auf die Insel hinüberspazieren. Auf der Insel kann man einen schönen Spaziergang machen, und wieder zurück (Achtung, auf die Flut achten!) noch ein wenig die Sonne genießen und im flachen Golfe du Morbihan baden.

Die wunderschöne Küste der Halbinsel Quiberon

Der schmale **Plage de Locmiquel** am Chemin du Garheu ist größer, recht lang gestreckt und ebenfalls bei Familien beliebt. Auch hier ist das Wasser ziemlich flach und ruhig, allerdings vor allem bei Flut erst richtig gut zum Baden geeignet. Der Strand verschwindet bei Flut zwar weitestgehend, bei Ebbe ist es hier aber schlammig und an manchen Stellen kiesig, sodass das Badevergnügen bei höherem Wasserstand größer ist. Ansonsten kann man hier auf der (recht kurzen) Promenade auch einfach die herrliche Aussicht auf den Golfe du Morbihan und die umliegenden kleinen Sept-Îles genießen.

Bretonische Spezialitäten

Was in Deutschland oft an schnöden Verkaufsständen über den Tresen geht, wird hier in der Bretagne zelebriert: die Kunst der perfekten **Crêpes und Galettes**. Der Unterschied? Steckt im Teig und in der Füllung!

Eine Crêpe besteht traditionell aus hellem Weizenmehl und wird ausschließlich süß gefüllt. Ihre Schwester, die Galette, wird aus dunklem Buchweizenmehl, Wasser und Salz gebacken und herzhaft gefüllt.

Eine typische Kombination in der Bretagne ist die Galette »complète« mit Schinken, Käse und Ei. Originelle Crêperien füllen ihre Galettes auch gern mit Ziegenkäse und Feigenkonfitüre, aber auch Roastbeef, Thunfischcreme oder geräucherte Sardine und Seetang kommen in die Galette. Der Fantasie sind keine Grenzen gesetzt. Ein Klassiker unter den Crêpes ist »beurre sucre« mit salziger bretonischer Butter und Zucker. Aber auch hier wird variiert: Schokolade, Erdbeeren, karamellisierte Äpfel … Kalorien sparen muss man eben woanders!

Crêperie La Goélette
6 Place Weilhem, 56870 Baden
www.creperie-baden.com
Schönes kleines Restaurant am Hauptplatz, sonniger Sitzbereich, spezialisiert auf bretonische Crêpes und Galettes

La Chaumière de Pomper
Le Moulin de Pomper, 56870 Baden
www.lachaumieredepomper.fr
Gemütliches Restaurant im Landhausstil. Crêpes und Galettes mit extrem dünnem, knusprigem Teig (»daskraz«, wie der Bretone sagt). Traditionelle Rezepte, modern interpretiert. Stimmiges Preis-Leistungs-Verhältnis.

Der perfekte Begleiter zu Galettes und Crêpes ist der bretonische **Cidre** (Apfelschaumwein). Nach der Normandie ist die Bretagne der zweitgrößte Cidre-Hersteller Frankreichs, wo besonders das milde ozeanische Klima für ideale Bedingungen sorgt. Rund um den Golfe du Morbihan lässt das warme Mikroklima einen sehr geschmackvollen Cidre entstehen, der etwas herber und spritziger ist als aus anderen Regionen. Allgemein zeichnet sich die bretonische Variante durch einen relativ geringen Alkoholgehalt aus, was ihn als erfrischende Alternative zu Bier oder Wein beliebt macht. Mit einem Schuss Johannisbeerlikör gemischt, wird aus dem Cidre der leckere Aperitif Kir Breton, den wir auf unserer Reise das ein oder andere Mal vor dem Bulli genossen haben: Prost! À votre santé!

Mit Meersalz verfeinerte Butter ist in der Bretagne geradezu ein Grundnahrungsmittel und eine wesentliche Grundlage der lokalen Küche. Der knusprig-zarte **Kouign Amann** (bretonisch für Butterkuchen) besteht neben gesalzener Butter lediglich noch aus etwas Mehl und umso mehr Zucker. Abwechselnd wird eine Lage dünner Teig ausgerollt und mit Butter bestrichen, dann wieder übereinandergelegt und am Ende kurz knusprig und braun gebacken. Das Ergebnis ist definitiv nichts für

Köstlich: Knusprige Crêpe mit Erdbeeren und Sorbet in der Chaumière de Pomper

La Goélette
CARTE D'OR

Kalorienzähler, aber im Urlaub darf man auch mal sündigen. Die besten Kouign Amanns in der Südbretagne findest du in der traditionellen Maison Riguidel in Quiberon oder in der Maison George Larnicol in Le Croisic.

Maison Riguidel
38 Rue de Port Maria, 56170 Quiberon
www.patisserie-bretonne-riguidel.fr

Maison George Larnicol
5 Quai d'Aiguillon, 44490 Le Croisic
www.larnicol.com

Eine besondere Spezialität ist auch der bretonische Honiglikör **Chouchen**. Das Rezept wurde von den Kelten in die Bretagne gebracht und blieb seitdem nahezu unverändert. Auch heute noch wird mithilfe von Hefe und vor allem frisch gepresstem Apfelsaft Honig zum Gären gebracht. Verschiedene Honigsorten geben dem lokalen Likör unterschiedliche Geschmacksnoten. Am liebsten trinken die Bretonen den Chouchen kalt als Aperitif, in kalten Wintern wird er aber auch heiß getrunken.

Oben: Spezialität in der Bretagne – Muscheln mit Apfel-Cidre
Unten: Die Crêperie La Goélette

Miesmuscheln mit getrockneten Tomaten und Artischocken

Frischer als hier kann man diese Spezialität nicht zubereiten!

500 g Spaghetti
500 g Miesmuscheln
200 ml Weißwein
1 Knoblauchzehe
150 g in Öl eingelegte getrocknete Tomaten
Artischocken aus der Dose oder dem Glas
etwas Chili oder Piment d'Espelette
Salz, Pfeffer
Petersilie

Wasser in einem großen Topf zum Kochen bringen, eine Prise Salz und die Spaghetti hineingeben, 10 Min. köcheln lassen, bis die Nudeln al dente sind. In der Zwischenzeit Tomaten und Artischocken klein schneiden, die Knoblauchzehe schälen und halbieren. 1 EL des Tomatenöls in eine große Pfanne gießen und die Tomatenstücke und den Knoblauch darin anbraten. Die gesäuberten Muscheln dazugeben (geöffnete Muscheln bitte nicht verwenden) und mit Weißwein ablöschen. Deckel auflegen und 5 Min. kochen. Die Artischocken dazugeben und noch 2–3 Min. weiter kochen. Wenn sich die Muscheln geöffnet haben, mit Pfeffer abschmecken und nach Wunsch mit etwas Chili oder Piment d'Espelette würzen. Etwas Petersilie darüberstreuen und mit den Nudeln servieren.

Entfernung/Fahrzeit
90 km/1,5 Std.

Aufenthaltsdauer
1 (Anreise) + 3 Tage

Sehenswürdigkeiten
Zwischenstopp: Salinen von Guérande
Océarium in Le Croisic, Salinenführung,
Besuch der Salzscheune La Salorge de Rostu

Aktivitäten
Gezeitenfischen, Bootsausflug ins
Moor La Brière

ETAPPE 2

LE CROISIC

Le Croisic

EINGANGSHAFEN ZUR BRETONISCHEN KÜSTE

Unser nächstes Etappenziel ist Le Croisic im Südosten der Bretagne, ein schönes kleines Fischerstädtchen mit hübscher Altstadt, mit Zwischenstopp in Guèrande, um die Salzgärten zu besichtigen. Zunächst fährst du über entspannte Landstraßen, die allerdings einige Kreisverkehre bereithalten, in Richtung Vannes. Wenn du Lust und Zeit hast, kannst du noch einen kleinen Zwischenstopp in der Hauptstadt des Golfe du Morbihan einlegen. Die mittelalterliche Stadt mit ihren Festungsmauern, den kleinen Fachwerkhäusern, schicken Stadtvillen und dem großen Hafen lohnt sich definitiv für einen Bummel.

Danach geht es ostwärts weiter über die Landstraße E60. Kurz vor Arzal musst du gen Süden auf die D139 abbiegen. Bis zu den bekannten **Salinen von Guérande** sind es noch knapp 25 Kilometer, die dich entlang der Küste durch kleine Dörfer führen. Guérande ist ein Muss auf dieser Reise – und sehr empfehlenswert ist eine Tour mit einem »paludier« (Salzbauern) durch seine Saline. Besonders frühmorgens oder bei Sonnenuntergang kommt die Schönheit dieser Kulturlandschaft zur Geltung und die vielen Becken glitzern in unglaublichen Silber-, Blau-, Grün- und Rosatönen.

Rund um die Halbinsel von Guérande erstreckt sich nämlich eine große Sumpflandschaft um die gleichnamige mittelalterliche Stadt und sorgt durch die Gezeiten für die Entstehung des »weißen Golds«. Schon seit mehr als tausend Jahren wird in der Südbretagne auf natürliche Art und Weise Salz gewonnen, welches mittlerweile sogar unter besonderem Markenschutz steht. Das berühmte »Fleur de Sel« entsteht auf über 2000 Hektar Sumpflandschaft in den Salzgärten von Guérande. Mit der Flut wird regelmäßig frisches Meerwasser in ein Labyrinth aus unterschiedlichen Becken geführt, wo es mithilfe der Sonne und des Windes verdunstet. Die Salzkonzentration steigt so von einem zum nächsten Becken immer weiter an, bis dann im Erntebecken das Meersalz kristallisiert und abgeschöpft werden kann.

Mobile Fischfanganlagen in der Region von La Guérande

An besonders warmen Tagen entsteht so auch die wertvolle »Salzblume«, eben das »Fleur de Sel« – kostbare, feine weiße Salzkristalle, die bei Gastronomen besonders beliebt sind.

Besuchsstätte »Terre de Sel«
Pradel, 44350 Guérande
Preis Führung 9,50 €, Kinder 4 €
www.terredesel.com/fr/

Die letzten Kilometer bis zum nächsten Übernachtungsstopp führen dich weiter durch die Salzmarschen und schließlich auf die Halbinsel Kervenel, auf der sich das kleine Fischerdörfchen Le Croisic befindet.

Campingplätze

Auf dem Campingplatz L'Océan kommen vor allem Kinder und Familien voll auf ihre Kosten. Mit über 400 Stellplätzen und vielen Mobile Homes hat er alles, um Groß und Klein einen möglichst komfortablen Aufenthalt zu ermöglichen. Die Stellplätze sind recht grün, mit Hecken unterteilt und zum Teil von Bäumen beschattet. Zum Meer sind es nur 150 Meter, aber auch auf dem Platz gibt es eine Badelandschaft mit Rutschen, Whirlpool, Sauna und Wellness-Anwendungen sowie einen Sportplatz. Für Kinder wird im Sommer ein umfangreiches Animationsprogramm geboten, für Erwachsene werden Tanz- und Showabende veranstaltet. Wer im Urlaub Lust auf Unterhaltung und etwas mehr Action hat, ist auf diesem Platz genau richtig – der Mindestaufenthalt beträgt allerdings sieben Nächte.

Camping de l'Océan – Camping Village & Spa*****
15 Route de la Maison Rouge, 44490 Le Croisic
Tel. +33 2406 23 07 69
www.camping-ocean.com
April bis Mitte Sept.

Der kleine, familiengeführte Campingplatz Camping de la Pierre Longue befindet sich etwa in der Mitte der Halbinsel von Le Croisic. Bis in die Ortsmitte sind es rund zehn Minuten mit dem Rad, zum Strand sind es nur knapp 500 Meter. Auch weitere Entdeckungen und Fahrradtouren in der Umgebung sind von hier aus gut möglich. Der Platz ist überschaubar, sehr gepflegt und der Empfang durch die Inhaber äußerst freundlich. Als wir erst nach der offiziellen Öffnungszeit ankamen und noch einchecken wollten, wurden wir vom Besitzer und seiner Tochter herzlich begrüßt. Neben 150 Stellplätzen (zugegebenermaßen etwas parzellenartig, dafür auf saftig grünem Rasen und teilweise unter Bäumen) gibt es hier auch einige Mobile Homes sowie einen

Oben: Naturhafen von Le Croisic
Unten: Kinder auf der Suche nach Muscheln und Krebsen

(überdachten) Pool, einen Minimarkt und ein kleines Restaurant mit eigenem Pizzaofen. Pierre Longue ist die entspannte Alternative zum großen L'Océan.

Camping de la Pierre Longue***
Rue Henri Dunant, 44490 Le Croisic
Tel. +33 2402 23 13 44
www.campinglapierrelongue.com/
Mitte März bis Mitte Nov.

Le Croisic – Kleinstadt mit Seefahrertradition

Die kleinen Steinhäuser an der Hafenpromenade, die sich eng aneinanderschmiegen, um sich vor der rauen bretonischen Witterung zu schützen, der Duft frischer Galettes mit Speck und Käse, im Hafenbecken der knatternde Motor des Fischerboots, das die Verkaufsstände und Restaurants der Stadt gleich mit frischen Crevetten, Kabeljau und Barschen beliefern wird – Le Croisic ist der Eingangshafen zur bretonischen Küste.

Das kleine Städtchen erhebt sich am Ende der Halbinsel Kervenel, zwischen der zerklüfteten Felsküste des Atlantiks im Süden und Westen, eingeschlossen von der flachen Meeresbucht Grand Traict und dem Landzipfel von Pen Bron. Die alte Seefahrertradition reicht zurück ins 16. Jahrhundert, als der Aufstieg der kleinen Küstenstadt begann. Reeder, Händler und Kapitäne entdeckten den Hafen als festen Anlaufpunkt und bauten ihn aus. Später kamen Touristen hinzu, angelockt durch die schönen Strände und die heilsame Luft. Man errichtete herrschaftliche Villen direkt am Wasser, und die Eisenbahn sorgte für eine bessere Anbindung.

Fangkörbe für Krebse und Hummer, im Hintergrund die Kirche Notre Dame de Pitié

Bis heute ist der Altstadtkern mit den kleinen Gassen immer noch das Herz der Stadt, das du bei einem kleinen Bummel sehr gut entdecken kannst. Schon von Weitem sieht man das Wahrzeichen der Stadt, die **Kirche Notre Dame de Pitié**, über der Altstadt emporragen. Kunst- und Kircheninteressierte sollten einen kurzen Besuch in dem steinernen Bauwerk gotischen Stils aus dem 15. Jahrhundert einplanen. Besonders hübsch sind hier die kunstvoll bemalten Glasfenster, die Anfang des 20. Jahrhunderts nachträglich eingebaut wurden. Auch einige Statuen und die bunten Boote im Kirchenschiff lohnen einen Blick.
In den kleinen Gässchen rund um die Kirche dominieren hübsche kleine Fischerhäuser im Fachwerkstil mit bunten Fensterläden und schöne Boutiquen, die zu einem entspannten Shoppingbummel einladen.

Auch an der **Hafenpromenade** gibt es viele kleine Geschäfte und nette Restaurants, von denen man einen guten Blick auf das rege

Treiben im Hafen hat. Neben vielen bunten, privaten Booten, die im Wasser schaukeln und bei Ebbe bis auf den Grund laufen, liegen hier auch noch einige Fischkutter. Die Fischfangflotte von Le Croisic umfasst immer noch über 100 Fischer und Matrosen, die mit mehr als 30 Kuttern und Booten täglich hinausfahren und sogenannte »edle« Arten fischen – zum Beispiel Seezungen, Langusten, Jakobsmuscheln oder Meeräschen. Durch die Konzentration auf den Fang wertvoller Arten konnte der Fischereihafen von Le Croisic auch den Schwierigkeiten der Fischwirtschaft trotzen.

Der frische Fang wird jeden Morgen ab 4 Uhr in der Auktionshalle von den Fischern angepriesen und verkauft. Die Öffentlichkeit ist bei dieser Auktion leider ausgeschlossen. Aber neben der Auktionshalle gibt es einen kleinen Fischmarkt mit mehreren Läden, die das ganze Sortiment an frischem Fisch und vor allem Schalentiere, Muscheln und Hummer anbieten. Das ist in jedem Fall einen Abstecher wert, selbst wenn man nur zum Gucken kommt! Ein Muss: Eine Portion »Crevette rosé« verspeisen, denn Le Croisic ist der wichtigste Krabbenhafen Frankreichs!

Oben: Die hübsche Hafenpromenade von Le Croisic
Unten: Crêperie La Flottille
Folgende Doppelseite: Das beliebte »Fußfischen« – bei Ebbe nach Muscheln und Krebsen suchen, um diese dann zu verspeisen

Chez Emile
7 quai D'Aiguillon, 44490 Le Croisic
Tel. +33 228 54 07 95
Von außen eher unscheinbar, sehr gute Küche (Crêpes, Galettes, große Auswahl an frischen Meeresfrüchten), freundlicher Service, sehr gutes Preis-Leistungs-Verhältnis

Restaurant l'Océan
Plage de Port Lin, 44490 Le Croisic
www.restaurantlocean.com/de/
Highlight! Gehobene Küche (Spezialitäten sind z. B. Fischgerichte, frischer Hummer, Brasse in Salzkruste, kunstvolle Desserts) und Preisklasse, unschlagbare Aussicht aufs Meer (Glasfront des Restaurants ist direkt in die schroffen Felsen gebaut).

Crêperie La Flottille
2 Rue de la Juiverie, 44490 Le Croisic
www.creperie-laflottille-lecroisic.fr/creperie-le-croisic
Gemütlich, Fokus auf regionalen Zutaten, Teig aus Biomehl der Bretagne, Menu Breton (Galette, Crêpe, ein Glas Cidre) für unter 15 €

Wenn das Wetter beim geplanten Strandspaziergang entlang der »Côte Sauvage« nicht mitspielt, ist ein Abstecher in das sehr interaktiv gestaltete **Océarium** von Le Croisic die passende Alternative – perfekt auch für kleine Meeresforscher. Mehr als 4000 verschiedene Meeresbewohner kann man hier entdecken und kennenlernen, von Haien bis zu Seepferdchen, Pinguinen und sogar Meeresschildkröten reicht die bemerkenswerte Vielfalt in über 50 Aquarien. Hier kann man mitten in den Atlantischen, Indischen

Crêperie La Flottille
Crêperie Bar
La Flottille
Galettes
&
Crêpes artisanales
Farines Biologiques
de Bretagne
Produits du terroir
Salle Climatisée
02 40 23 02 14
Salle
Climatisée
OUVERT

und Pazifischen Ozean oder das Mittelmeer eintauchen. Bei jeder Station zeigen sich unterschiedliche Lebensformen, leuchtende Farben und eine unvermutete Reichhaltigkeit.

Der Hauptfokus des Océariums liegt auf der heimischen Natur im Atlantik, beispielsweise in den Streichelbecken, aber es gibt auch exotische Bewohner wie Clown- und Doktorfische, die in der tropischen Lagune anzutreffen sind. Für Abwechslung sorgen die Fischfütterungen, die man von einem Tunnel aus beobachten kann.

Océarium
Avenue de Saint-Goustan, 44490 Le Croisic
Preis 14,50 €, Kinder 11,50 € (unter 12 J.)
www.ocearium-croisic.fr

Aktivitäten rund um Le Croisic

Wenn ihr gerne Meeresfrüchte esst, könnt ihr in der Bretagne eine bei den Franzosen sehr beliebte Freizeitaktivität ausprobieren und die Schätze des Meeres selbst sammeln: beim **»Pêcher à pied«**, wörtlich »Fußfischen«, bei uns unter »Gezeitenfischen« bekannt. Bei Ebbe wird dabei der trocken gefallene Meeresboden nach Muscheln, Schalentieren und an Felsenküsten auch nach Fischen abgesucht. Am Wochenende sieht man viele Franzosen mit kleinen Eimern, Körbchen und Keschern bewaffnet durch das Watt laufen und den Boden und die Felsen nach Meerestieren absuchen. Die Beute wird später gemeinsam zubereitet und verspeist. Ein besonders lohnenswerter Spot ist hier die westliche Ecke des Strandes von Saint-Goustan. Wichtig ist nur, dabei ein paar Regeln zu

»

befolgen: beispielsweise nicht in Gebieten zu sammeln, die von professionellen Muschelzüchtern unterhalten werden, und auf die Mindestgröße der Schalentiere zu achten, damit Fortpflanzung und Bestand erhalten werden. Im Office de Tourisme könnt ihr ein Infoheftchen zu den Arten sowie ein kostenloses Tool, das sogenannte »Calipêche«, zur Größenmessung bekommen. Viel Spaß beim Sammeln!

Nur ein paar Kilometer von Le Croisic entfernt befindet sich im Landesinneren mit dem »**Parc naturel de Brière**« das zweitgrößte Moorgebiet Frankreichs nach der Camargue. Hier befinden sich auf 40 000 Hektar ganze Labyrinthe aus Kanälen, Sumpfwiesen, Inselchen und wogenden Schilfwiesen, die ein wertvolles Biotop für viele Vogel- und Pflanzenarten sind. Dörfer mit reetgedeckten Cottages säumen das Moor, das früher mit dem »schwarzen Gold«, dem Torf, Lebensgrundlage für die Bewohner von La Brière war. Kanäle durchziehen die Landschaft und bilden die eigentlichen Straßen der Dörfer.

Du kannst dieses Naturgebiet hervorragend an Bord eines traditionellen Flachkahns, dem Blin, entdecken. Los geht's beispielsweise auf der Insel Fédrun, auf der jeder Bewohner hinter seinem Häuschen ein eigenes Boot im Garten liegen hat. Mit dem Kahn geht es auf einer kommentierten Tour durch das Moor und man erfährt dabei alles über die Natur, die Geschichte der Dörfer, den Torfabbau und die Bewohner. Neben dem leisen Plätschern des Wassers kannst du einfach die Stille der Natur genießen und dabei die zahlreichen Vogelarten – Reiher, Enten, Löffler, Bussarde und Co. – beobachten. Wer keine Lust auf eine Bootsfahrt hat, kann auch eine Wanderung oder eine Fahrradtour durch das Moor unternehmen und dieses auf eigene Faust erkunden.

Bootsausflug ins Moor La Brière
Dauer: 1 Std.
Preis 9 €, Kinder 5 € (unter 12 J.)
www.valerie-briere.com/

Ab zum Strand!

Der Stadtstrand von Le Croisic, **Saint-Goustan**, liegt zentral gelegen im Norden der Halbinsel an der Avenue de Saint-Goustan, ca. fünf Minuten von der Altstadt entfernt. Der lang gezogene Strand hat feinen, hellen Sand, jedoch manchmal auch angespülte Algen – der Einfluss des Atlantiks ist hier trotz geschützter Lage deutlich spürbar. Bei Ebbe zieht sich das Wasser weit zurück und der Strand wird ein beliebter Ort zum Gezeitenfischen. Im Sommer kann man hier dennoch sehr gut im eher seichten Wasser baden,

Ein Besuch im Océarium lohnt sich für Groß und Klein.

OCEARIUM
ENTRÉE
ASCENSEUR / LIFT

daher ist der Strand auch für Familien gut geeignet. Zusätzlich gibt es eine nahe gelegene Bar, an der man sich mit kühlen Getränken und Snacks versorgen kann.

Croque Monsieur Veggi

Im Prinzip nicht mehr als ein belegtes Sandwich, das man fast in jedem Bistro findet, und ein typisch französischer Klassiker. Hier eine selbst gemachte Veggie-Variante:

2 frische Baguettes
1 Zucchini
1 Glas geröstete Paprika aus dem Glas
1 Packung Fetakäse
1 Packung Frischkäse
1 Glas Basilikum-Pesto
Rucola, ein paar Zweige Thymian
Olivenöl

Zucchini putzen, in dünne Scheiben schneiden. Einen Schuss Olivenöl in einer Pfanne erhitzen, Zucchini darin bei starker Hitze 3–5 Min. braten. Wenn die Zucchini leicht geröstet und weich ist, den Thymian dazugeben. Mit Salz und Pfeffer würzen. Paprika aus dem Glas nehmen, abtropfen lassen. Feta mit einer Gabel zerdrücken und mit Frischkäse mixen. Ein Baguette halbieren. Wer möchte, kann die Baguettes kurz in die Pfanne legen und von beiden Seiten anrösten. Dann die Unterseite mit Fetacreme bestreichen, mit Zucchini und Paprika belegen, ein paar Tropfen Pesto und Rucola darüber verteilen und Baguette-Oberseite drauflegen. In vier Stücke schneiden – et voilà!

Die Strände im Süden der Halbinsel, **Port Lin** (Avenue Henri Becquerel) und die **Bucht Jumel** (entlang der Avenue de la Pierre Longue), befinden sich zum Großteil in geschützten Buchten zwischen größeren felsigen Abschnitten. Beide befinden sich an der südlichen Promenade von Le Croisic auf beiden Seiten des Hotels L'Océan und sind bei Flut recht schmal. Der Sand dort ist sehr fein und sauber und durch den Strom des Atlantiks auch kaum mit Algen belastet. Einige Stellen sind aber auch felsig und bei Ebbe ist hier kaum Wasser zum Baden vorhanden. Daher solltest du die Gezeiten im Auge behalten. Auch kleine Kinder sollten beim Baden beaufsichtigt werden, da die Felsen recht rutschig sein können.

Nachgefragt

Die besten Tipps der Locals im Interview

Nicolas Arnould beschloss vor 28 Jahren, seinen sicheren Bürojob an den Nagel zu hängen und etwas Handwerkliches zu beginnen. Der Zufall und das gute Wetter brachten ihn in die Gegend von Guérande. Dort lernte er das Handwerk des »paludiers« (Salzbauern). Neben der Salzernte führt er auf Anfrage auch Gruppen durch seine Saline. Nicolas ist

Blick auf die Salinen von La Guérande

mit einer Deutschen verheiratet und spricht deshalb hervorragend Deutsch.

Hallo Nicolas. Was liebst du an deinem Job?

NICOLAS ARNOULD: *Die Natur, die Ruhe und dass ich selbst entscheiden kann, was ich mache. Es gibt keinen, der mir Vorschriften macht. Natürlich tue ich auch das, was ich tun muss. Die Natur kann bei dieser Arbeit, der natürlichen Salzgewinnung, unverzeihlich sein. Aber ich bin selbst dafür verantwortlich, und bisher verstehe ich mich sehr gut mit der Natur.*

Was ist die Kunst bei der Salzherstellung auf derart natürliche Weise?

NICOLAS ARNOULD: *Vor allem, Ruhe zu bewahren und sich nicht aus dem Konzept bringen zu lassen – weder vom Wetter noch vom Schlamm in der Saline, der manchmal zu viel ist oder zu fest ist, oder vom Salz, das mal kommt und mal nicht. Wir haben all das nicht in der Hand und können es nicht im Voraus wissen. Das muss man einfach auf sich zukommen lassen. Ansonsten ist natürlich auch die Technik wichtig. Man muss wissen, wie man das Wasser richtig einstellt. Das zu lernen erfordert viele Jahre Praxis. Aber vor allem ist es die Geduld und die Gabe, die Natur zu beobachten und zu verstehen.*

Was ist dein Lieblingsort hier an der Küste?

NICOLAS ARNOULD: *Der Strand … ganz einfach der Strand. Leider kann ich nicht so oft an den Strand, denn bei gutem Wetter bin ich natürlich in den Salinen. Und wenn es regnet, ist es am Strand nicht ganz so toll. [lacht] Aber es gibt hier wirklich tolle Strände, die alle ganz unterschiedlich sind. Zum Beispiel in Batz-sur-Mer die Côte Sauvage mit großen Steinen und Klippen oder in Pénestin die Mine d'Or mit schönen roten Felsen. Man muss in dieser Ecke eigentlich nur fünf Kilometer nach rechts oder links fahren, und schon ist alles anders. Das ist das Besondere hier.*

Verrätst du uns noch dein Lieblingsrezept mit Sel de Guérande?

NICOLAS ARNOULD: *Ganz einfach: Fisch in Salzkruste. Das ist die beste Art, Fisch zuzubereiten! Die Dorade in Salzkruste ist einfach göttlich! Dazu muss man nur Sel de Guérande auf ein Blech geben, den Fisch drauflegen, mit Salz überdecken und dann backen. Dazu noch Kartoffeln mit Butter – perfekt!*

Salinenführung und Besuch der Salzscheune La Salorge de Rostu
Rue de Rostu (VC203), 44420 Mesquer
Tel. +33 240 62 53 04
Juli/August: 1–2 Führungen pro Woche nach Voranmeldung,
den Rest des Jahres auf Anfrage
Preis: Erwachsene 6 €, Kinder (6–12 J.) 2,50 €
https://de.labaule-guerande.com/besuch-einer-saline-nicolas-arnould-mesquer.html

Salzbauer Nicolas präsentiert das »weiße Gold«.

Entfernung/Fahrzeit
300 km/4,5 Std.

Aufenthaltsdauer
1 (Anreise) + 2 Tage

Besonderheiten
Maut ca. 10 €

Sehenswürdigkeiten
Zwischenstopp: La Rochelle oder Brouage
Austernstadt Cité de l'Huitre, Künstlerdorf Le Château d'Oléron, Salinenbesichtigung, Leuchtturm Phare du Chassiron, Citadelle du Château d'Oléron, Führung durch die »Austernschule« Ostréicole

Aktivitäten
Fahrrad-Gourmet-Tour,
Bootstour zum Fort Boyard, Reiten

ETAPPE 3

ÎLE D'OLÉRON

Île d'Oléron

WILDE KÜSTEN UND BUNTE CABANES

Wir brechen auf gen Süden zu unserer nächsten Station, der bezaubernden Île d'Oléron, und verlassen heute dabei die Bretagne. Du startest in Richtung Osten und passierst den Naturpark von La Brière und Saint-Nazaire. Danach geht es auf der Landstraße N171 weiter über die alte Hauptstadt der Bretagne, Nantes, um zur Autobahn A83 zu gelangen (mautpflichtig!). Sie bringt dich auf direktem Weg in den Süden.

Bei Saint-Jean-de-Beugné verlässt du die Autobahn und arbeitest dich immer weiter südwärts vor bis **La Rochelle**. Wer rechtzeitig aufgebrochen ist und genug Zeit mitbringt, sollte hier unbedingt einen Zwischenstopp machen. Das Städtchen eignet sich sehr gut für einen kleinen Bummel durch die malerische Altstadt mit ihren mittelalterlichen Fachwerkhäusern und dem alten Hafen Vieux Port. Rund um den Hafen kann man wunderbar zu Mittag essen und danach noch einen kleinen Rundgang entlang des Hafenbeckens mit den charakteristischen Türmen machen.

Oben: Köstlichkeiten auf dem Markt von La-Brée-les-Bains
Unten: Die alten Austernhäuschen im Port de Salines, heute ein Restaurant

Für die verbleibenden knapp 80 Kilometer bis Oléron solltest du ungefähr 1,5 Stunden Fahrzeit einplanen – die französischen Landstraßen mit ihren vielen Kreisverkehren entschleunigen damit im positiven Sinn. Kurz vor der großen Brücke, die auf die Insel führt, durchquert man noch die Sümpfe von Brouage und die berühmte Austerngegend Marennes-Oléron, die sich beide ebenfalls sehr gut für einen Besuch eignen (wer nicht früh genug von Le Croisic aufgebrochen ist, sollte allerdings eine klare Prioritätenliste für die vielen Sehenswürdigkeiten haben).

Die ehemalige Festung **Brouage** in Sternenform zählt heute zum exklusiven Club der »schönsten Dörfer Frankreichs« und lässt sich gut bei einem kleinen Besuch (ca. zwei bis drei Stunden) erkunden. Sie erhebt sich mitten im sumpfigen Gebiet der Charente Maritime und war früher der wichtigste Salzhandelshafen Europas. Im Laufe der Geschichte stritten sich Katholiken und Protestanten um die Stadt; Mauern wurden verstärkt, Bastio-

BAR

nen und Pulvermagazine gebaut, Gefängnisse errichtet.

Heute ist von den Kriegen Gott sei Dank nichts mehr zu spüren; das Dörfchen mit etwas mehr als 600 Einwohnern erinnert vielmehr an ein Freiluftmuseum. Erstaunlich still und friedlich liegt es mitten im Moor. Reiher, Störche und viele andere Vogelarten spazieren durch die Feuchtwiesen rund um die Stadt, während innerhalb der Stadtmauern die weißen Häuschen mit den bunten Fensterläden geradezu idyllisch wirken. Ein paar kleine Cafés, ein Museum für Militärarchitektur, ein ehemaliger unterirdischer Hafen und die Provianthalle … das ist auch schon alles, was man hier entdecken kann. Doch das eigentlich Schöne ist die angenehme Ruhe, wenn am Abend die Touristen weg sind und sich der Sonnenuntergang über das Moor und das leere Städtchen legt, während man über die Mauern der Stadt spaziert und die Wasservögel über den Himmel ziehen.

Wir wurden übrigens kurz vor unserer Abfahrt von den Bewohnern des Dörfchens noch zum typischen Freitagabend-Apéro eingeladen! Und saßen dann auf einmal in einem kleinen französischen Garten mit lauter Fremden, die zu neuen Freunden wurden, während wir mit Wein, Bier und kleinen Snacks versorgt wurden. Was für eine Gastfreundschaft!

Oben: Verteidigungswall rund um die Festung Brouage
Unten: Zentrum von Brouage – eine Reise in die Vergangenheit

Das größte Austernzuchtgebiet Europas ist das Becken von **Marennes-Oléron**. Hier entstehen auf über 6000 Hektar die berühmten Austern, die weit über die Grenzen Frankreichs bekannt sind. Grund dafür ist ihre besondere Qualität, denn im Marennes-Oléron-Becken finden sie die perfekten Bedingungen zum Wachsen. Sie liegen in der geschützten Bucht hinter der Île d'Oléron und werden vom Fluss Charente und vielen kleinen Bächen sowie vom Atlantik kontinuierlich mit Nährstoffen und Plankton versorgt – ein wahrer Festschmaus für die Muscheln. Dadurch werden die Austern besonders geschmackvoll und fleischig. Ihr unvergleichliches Aroma erhalten sie zusätzlich noch durch die Aufzucht in sogenannten »claires« – Becken, die einst der Salzgewinnung dienten.

Die Aufzucht und die Entstehung der Austern kann man in der »Stadt der Austern«, der **Cité de l'Huitre**, besichtigen. Im Informationszentrum mit verschiedenen bunten Austernhäuschen kann man alles über die Austernzucht lernen. Jedes Häuschen ist einem eigenen Thema gewidmet, z. B. der Geschichte der Austernzucht, der Wissenschaft hinter der Anzucht der Austern, weiteren außergewöhnlichen Produkten aus der Region und natürlich der Verkostung von Austern. Kinder können mit den Austernzüchtern sogar in die Becken steigen und lernen, wie man sie umschichtet. Angeboten wird auch eine geführte Tour durch das Becken mit dem Kajak oder eine Umrundung der »claires« mit dem Fahrrad. Im eigenen Degustationsrestaurant verrät ein Chefkoch seine Tricks, beispielsweise das Öffnen der Austern oder die Zubereitung im Ofen.

Cité de l'Huitre
Chenal de la Cayenne, 17320 Marennes
Preis 9 €, Kinder 5 €
https://cite-huitre.com

Um schließlich auf die Île d'Oléron zu kommen, fährst du mit deinem Camper erst einmal über eine fast drei Kilometer lange Brücke, das »Viaduc d'Oléron«. Anschließend durchquerst du die Marschlandschaften, die geprägt sind von seltenen Vogelarten und Salinenfeldern, in denen seit einigen Jahren wieder köstliches Salz hergestellt wird. Eben dieses »weiße Gold« brachte Oléron und dem angrenzenden Becken von Marennes schon sehr früh viel Wohlstand.

Campingplätze

Mittlerweile übernachten mehr als zwei Drittel der Besucher der Île d'Oléron auf Campingplätzen, daher hat deren Dichte deutlich zugenommen. Neben recht einfachen kommunalen Anlagen gibt es mittlerweile viele Plätze mit Kids-Animation, Poollandschaften und Sportprogramm. Die meisten liegen an der Küste, einige aber auch im Landesinneren.

Direkt am Strand der Nordspitze der Insel, zwei Minuten vom Hafen entfernt, befindet sich der kommunale Campingplatz der Gemeinde Saint Denis, Camping Municipal Saint Denis. Er ist sehr sympathisch, jedoch auf das Wesentliche reduziert. Ohne Bespaßungsprogramm geht es auch im Sommer eher ruhig zu und der Strand liegt direkt vor der Campertür. Die knapp 400 Stellplätze liegen auf offenem Gelände mit vereinzelten Bäumen, die Sanitäranlagen sind einfach, aber sauber. Direkt nebenan gibt es eine Minigolf-Anlage, Tennisplätze und eine Segelschule.

Camping Municipal St. Denis**
10 Boulevard d'Antioche,
17650 Saint-Denis-d'Oléron
Tel. +33 546 47 85 62
https://www.oleroninsel.de/meinen-urlaub-vorbereiten/unterkunft/campingsplatze/camping-municipal-155252
Mitte März bis Mitte Okt.

Der Campingplatz Le Suroit an der Westküste der Insel ist ein sehr schöner und vor allem familiärer Platz mit allen Annehmlichkeiten und viel Komfort. Die deutsch-französische

Rechts: Die bunten Austernhäuschen rund um Le Château-d'Oléron
Folgende Doppelseite: Die wilde Küste im Norden der Île d'Oléron

Leitung ist sehr nett und empfängt die Gäste mit großer Herzlichkeit. Es gibt 225 abgegrenzte Stellplätze, die zum Großteil unter schattigen Bäumen liegen – einige hingegen liegen fast vorne in den Dünen und sind dauerhaft sonnig. Insgesamt ist der Campingplatz sehr grün und hat ein fast parkähnliches Gelände. Rund um die Rezeption gibt es ein großes Schwimmbad mit Wasserrutsche und Planschbecken. Für Kinder werden im Sommer Spiele und Animation angeboten.

Camping Le Suroit****
1705 Rue de Ponthezière,
17190 Saint-Georges-d'Oléron
Tel. +33 546 47 07 25
www.camping-lesuroit.fr/index.php/de/
Ende März bis Ende Sept.

Beim netten Örtchen La Brée-les-Bains befindet sich der kleine, familiäre Platz Camping Antioche Oléron. Zum Strand sind es nur knapp 200 Meter, und auch der große Markt von La Brée-les-Bains (täglich morgens) ist nicht weit. Die rund 50 Plätze sind zwischen recht vielen Mobile Homes verstreut und werden von Hecken, Büschen und Blumen getrennt. Das Team und die Besitzer sind sehr nett. Der Platz hat zwei Pools mit schickem Sonnendeck, für die Kinder gibt es einen Spielplatz, eine Minifarm mit Ziegen, Hühnern und Kaninchen und im Sommer Animation, deshalb ist er für Familien sehr attraktiv. Pärchen ohne Kinder oder Alleinreisenden ist es aufgrund der eher gemütlichen Größe des Platzes aber möglicherweise zu viel des Familiengetümmels. Die offenen Sanitärbereiche wurden vor ein paar Jahren renoviert und sind in ordentlichem Zustand.

Camping Antioche Oléron***
16 Route des Proires, 17840 La Brée-les-Bains
Tel. +33 546 47 92 00
https://de.camping-antiochedoleron.com/
Mitte März bis Anfang Nov.

Die Île d'Oléron – ein Naturparadies

Sie ist die größte der Atlantikinseln Frankreichs und gleichzeitig die vielseitigste. Ein Naturparadies mit wilder Küste, schönen Stränden und hervorragenden Austern.
Von vielen wird sie auch »Mimoseninsel« genannt, da ihr mildes Klima für einen Reichtum an Landschaften, Wäldern, Sümpfen sowie Tier- und Pflanzenarten sorgt. Es ist ein Paradies für Wanderer, Radfahrer und Wassersportler und zieht entsprechend viele Touristen an – ähnlich wie die berühmte Schwester Île de Ré, aber längst nicht so überlaufen und teuer.

Insgesamt acht Gemeinden bieten auf Oléron zahlreiche Aktivitäten und Erholungsmöglichkeiten, darunter Saint-Trojan-les-Bains ganz im Süden der Insel, quasi der Badeort schlechthin mit seinem schier endlosen Grande Plage und ideal für Pferdeliebhaber. Oder der Nachbarort Le Grand-Village-Plage mit dem Salinenhafen Port de Salines. Oder das **Künstlerdorf Le Château-d'Oléron** mit seinen bunten Austernhütten (»cabanes«). Auch wenn die Austernzucht und der Verkauf der Delikatessen immer noch die Haupteinnahmequelle des Städtchens sind, sind die bunten Cabanes am Fuße der Zitadelle heutzutage nicht mehr nur in der Hand der Muschelzüchter. In vielen der traditionellen Austernhäuschen haben sich mittlerweile Künstler, Kunsthandwerker, Designer, kleine Boutiquen und Restaurants angesiedelt. Und auch die klassischen Austernhütten mit Verkauf und Degustation sind noch geöffnet und laden zur Verkostung der Delikatesse mit einem Glas Wein ein. Hier kann man wunderbar flanieren und findet bestimmt ein schönes Mitbringsel oder außergewöhnliches Andenken an diesen Urlaub.

L'Annex
Avenue du Port, 17480 Le Château-d'Oléron
Beliebte Bar im Künstlerviertel, jüngeres Publikum, große Bierkarte, Cocktails, Snacks, Auswahl an Hauptgerichten und große Vorspeisenplatten, Tipp: ein Apéro auf der Holzterrasse

Jahrzehntelang lagen die **Salinen auf der Île d'Oléron** brach, während auf der Nachbarinsel Île de Ré die Salzproduktion florierte. Vor einigen Jahren ließ man nun die Salinen nahe Grand-Village in mühsamer Kleinarbeit wieder herrichten und baute zusätzlich ein »Ecomusée«, eine Art Freilichtmuseum, rundherum. Hier kannst du auf Entdeckungstour durch die Salinen gehen. Neben dem Museum gibt es einen schönen Rundweg mit Lehrpfad zur Salzherstellung und ihrer Geschichte, einen Salzspeicher, in dem du verschiedene Salzmischungen und nette Souvenirs kaufen kannst, und einen kleinen Hafen mit Restaurants. Auch geführte Rundgänge, eine Verkostungstour mit Salz und anderen Produkten der Île d'Oléron oder ein Nachmittag mit einem »saunier« (Salzbauern), bei dem jeder selbst Hand anlegen und das »weiße Gold« ernten kann, werden angeboten. Die Touren finden im Juli und August regelmäßig statt und können ohne Reservierung gebucht werden. Außerhalb der Saison ist es ratsam, vorher per Mail oder telefonisch zu reservieren.

Und noch ein Tipp: Im Infozentrum kann man kostenlos ein Ruderboot ausleihen und durch die Kanäle der Saline schippern. Vom Wasser aus lässt sich die Landschaft noch einmal ganz anders entdecken! Am Anfang ist

Oben: Unser Tipp – Ruderboot ausleihen und die Salinen zu Wasser erkunden
Unten: Bunte Häuschen am Port des Salines

ein wenig Übung nötig, um nicht nach jedem zweiten Ruderschlag an einer Seite des schmalen Kanals anzustoßen. Aber nach der dritten Kurve funktioniert das Lenken und man kann die herrliche Stille der Natur, vom Wasser umgeben, genießen.

Le Port des Salines
Rue des Anciennes Salines/Rue du Petit Village, 17370 Le Grand-Village-Plage
Preis Ecomusée 4,50 €, Kinder 3 € (6–18 J.)
www.port-des-salines.fr

Le Relais des Salines
Village Pêcheurs, 17370 Le Grand-Village-Plage
www.lerelaisdessalines.com
Umgebaute urige Austernhütte direkt am Port de Salines. Fangfrischer Fisch, die besten Austern der Insel, raffiniert zubereitet, moderate Preise. Bei gutem Wetter kann man auch draußen auf dem Steg essen. Französischkenntnisse erleichtern die Auswahl. Nur wenige Tische – in der Hochsaison unbedingt reservieren!

Der markante Leuchtturm Phare du Chassiron

Schon von Weitem sieht man den mit breiten Schwarz-Weiß-Streifen bemalten Leuchtturm **Phare du Chassiron** an der nördlichsten Spitze der Île d'Oléron. Rund um die wilde Küste ganz im Norden, am Rande der Kalkfelsen, überragt er majestätisch die Landschaft und zeigt Schiffen den sicheren Weg durch die Meerenge von Antioche. 224 Stufen führen auf die Plattform des 46 Meter hohen Turms, von dem sich ein einmaliger Blick auf die Meerenge, die Inseln Ré und Aix, Fort Boyard und die Landschaftsgärten des Leuchtturms selbst bietet. Im unteren Teil befindet sich ein kleines Museum, und im Leuchtturm bekommt man auch das lokale Craftbeer der Insel, das sogenannte »Bière des Naufrageurs« (übersetzt: das Bier der Piraten). Unbedingt eine Flasche probieren, wir fanden es superlecker! Das Etikett ziert ein Esel, zu dem folgende Sage erzählt wird: Piraten, die früher auf der Île d'Oléron wohnten, ließen die nachts vorbeifahrenden Schiffe auflaufen, indem sie einem Esel eine Lampe um den Hals banden und so vermeintlich sicheres Gewässer an den eigentlich steilen Felsen vortäuschten. Die auf den Felsen aufgelaufenen Schiffe und ihre Kostbarkeiten konnten die Piraten dann in aller Ruhe ausrauben. Heute ist das Gott sei Dank Vergangenheit. Übrigens: Den Besuch des Leuchtturms kann man hervorragend mit einer kleinen Fahrradtour von oder nach Saint Denis verbinden oder man macht einen Abstecher zum »Marché Municipal« von La Brée-les-Bains (täglich bis ca. 14 Uhr) um fantastische Austern zu einem unschlagbar günstigen Preis zu genießen.

Phare du Chassiron
17650 Saint-Denis-d'Oléron
https://chassiron.jimdo.com

Ein bisschen Geschichte kann man in der **Citadelle du Château d'Oléron** schnuppern. Der kostenlose Besuch der Anlage lohnt sich, denn erst im Inneren ist das Ausmaß der Verteidigungsanlage ersichtlich, die dem Schutz der Stadt Rochefort diente. Bereits 1630 wurde der Bau der Zitadelle angeordnet und im Laufe der Jahre von Festungsbaumeister Sébastien Le Prestre de Vauban umgestaltet und vergrößert. Nach Beendigung der Bauarbeiten war die Meeresenge von Oléron somit »verriegelt« – feindliche Schiffe konnten nicht mehr durchfahren und Rochefort angreifen. Einige Jahrhunderte später wurde die Anlage zerstört: durch herabfallende Bomben der Alliierten im Zweiten Weltkrieg.

Citadelle du Château d'Oléron
Avenue de la Citadelle,
17480 Le Château-d'Oléron
www.ot-chateau-oleron.fr

Aktivitäten auf der Île d'Oléron

Fahrradtouren gehören zur Île d'Oléron wie die Zitrone zur Auster. Die Insel ist mit über 160 Kilometern Fahrradwegenetz geradezu prädestiniert für Ausflüge mit dem Drahtesel. Egal ob zum Phare du Chassiron oder zum Port de Salines, das Rad ist der beste Begleiter. Eine Karte des Radwegenetzes und vorgeschlagene Touren sind übrigens kostenlos in den Offices du Tourisme zu bekommen.

Toll sind auch die geführten **Fahrrad-Gourmet-Touren**. Bei diesem Feinschmeckerausflug entdeckt man die kulinarischen Erzeugnisse der Insel mit dem Rad. Ziele sind ein historischer Weinberg, ein Biobauer, ein Obstgarten und weitere Produzenten. Vor Ort können die Produkte – je nach Saison – verkostet, geerntet und die Erzeuger kennengelernt werden. Der Guide erzählt Anekdoten zur Kulinarik und zu vergessenen Orten auf der Insel. Ein unterhaltsamer Überblick über die Produkte, die Oléron zu bieten hat, und ein schöner Radausflug für die ganze Familie. Die Tour dauert rund drei Stunden, etwa die Hälfte der Zeit ist den Besichtigungen gewidmet. Die Fahrräder bitte selbst mitbringen oder bei einem Verleih vorher organisieren.

Escapade gourmande à vélo
Preis 19 €, Kind 14 € (5–12 J.)
Tel. +33 771 26 88 09
https://io-n-joy.com/

Das Fahrrad ist der beste Begleiter auf der Île d'Oléron.

Wer Burgen und Festungen liebt, für den empfiehlt sich ein Bootsausflug zum **Fort Boyard**, das zwischen der Île d'Aix und der Île d'Oleron liegt. Das Fort, das an ein steinernes Fußballstadion erinnert und sich mystisch aus dem Meer erhebt, wurde Anfang des 19. Jahrhunderts von Kaiser Napoleon in Auftrag gegeben, wenige Jahre später wieder gestoppt und erst Mitte des 19. Jahrhunderts vollendet. Heute liegt die Festung wie ein futuristisches Schiff im Meer vor Boyardville und kann nur vom Wasser aus besichtigt werden. Von Boyardville aus werden mehrmals täglich kleine kommentierte Inseltouren (ca. 30 Minuten pro Fahrt) angeboten, die an Fort Boyard vorbei auf die Île d'Aix führen. Auf der Insel gibt es keine Autos, daher empfehlen wir, sie mit dem Rad oder zu Fuß zu erkunden und die herrliche Natur samt der Aussicht auf die Nachbarinseln Île de Ré und Île d'Oléron zu genießen. Tickets können sowohl im Internet gebucht oder am Stand von Inter-Iles erworben werden.

Bootstour zum Fort Boyard
Preis 23 €, Kinder 15 €
www.inter-iles.com/reserver

Oben: Endlose Dünen und Blick auf das Fort Boyard
Unten: Highlight auf der Insel – Ausritt zu Pferd am Strand
Folgende Doppelseite: Die raue Westküste der Île d'Oléron

Pferdeliebhaber aufgepasst! Ein Highlight auf der Île d'Oléron ist es sicherlich, auf dem Rücken eines Pferdes die Dünen hinauf- und den Strand entlangzureiten, während einem der Wind um die Nase pfeift. Mittlerweile gibt es auf der Insel mehr als ein Dutzend **Reiterhöfe**, die dazu einladen. Besonders schön ist ein Ausflug zum Sonnenuntergang, wenn die Gruppe aus Pferden und Reitern gemeinsam über den Strand reitet. Aber auch Ausritte bei Vollmond oder durch den Wald werden angeboten. **Traumhafte Ausritte** bei Sonnenuntergang am Strand (auch für Reitanfänger) bietet beispielsweise Les Ecuries du Cabret aus Saint-Trojan-les-Bains. Informationen zu den Reiterhöfen und ihren Angeboten sind über die Offices du Tourisme erhältlich.

Les Ecuries du Cabret
Reittouren am Strand, im Sonnenuntergang oder bei Vollmond, Preis ca. 30 €
www.ecuries-du-carbet.com/

Austern, Austern, Austern … auch auf der Île d'Oléron kommt man nicht an ihnen vorbei. Wer noch nicht genug davon hat oder den Besuch in der Cité de l'Huitre nicht geschafft hat, kann eine **Führung durch die Ostréicole** bei Fort Royer machen. Auf einem 1,5-stündigen Spaziergang durch die Anlage mit den hübschen bunten Cabanes erhält man vielfältige Einblicke in die Aufzucht und Verfeinerung von Austern. Im Nachgang besteht natürlich auch die Möglichkeit, die Austern zu verkosten. Die Uhrzeiten für die Touren findest du auf der Website der »Austernschule«. Die Touren selbst finden auf Französisch statt, Touren auf Englisch sind aber nach vorheriger Reservierung möglich. Ein Besuch der Ostréicole lohnt sich eigentlich nur mit dazugehöriger Führung, da die bunten Häuschen ansonsten nicht geöffnet sind.

»Austernschule« Ostréicole
Preis 5 €, ermäßigt 4 €
http://fort-royer-oleron.fr/

Ab zum Strand!

Der große Vorteil einer Insel: Man ist komplett von Wasser umgeben! Und so ist die Île d'Oléron auch fast ausschließlich von langen Stränden gesäumt, was sie zu einem wahren Urlaubsparadies macht. Bei einem derart großen Angebot fällt die Auswahl der besten nicht leicht, daher zunächst ein paar allgemeine Informationen: Generell unterscheiden sich die Strände an der West- und Ostküste. Im Westen trifft der Atlantik direkt auf die Küste, weshalb die Strände dort etwas rauer und wilder sind. Hier lohnt deshalb auch die Mitnahme des Surfboards, denn bei guten Wellen kann man hervorragend surfen gehen. Die Strände an der Ostküste sind vom direkten Einfluss des Ozeans geschützt, das Meer ist etwas ruhiger und das Wasser eher seicht.

An der **Nordküste** rund um Saint Denis und La Brée-les-Bains gibt es mehrere kleine Strände – der schönste liegt unserer Meinung nach direkt am Camping Municipal. Das Wasser ist hier eher seicht und ruhig, sodass er besonders für Kinder gut geeignet ist. Bei Ebbe kann man hier wunderbar das Watt erkunden und Muscheln und Krebse sammeln. Die Franzosen betreiben hier auch gerne ihr beliebtes »Pecher à pied« (Gezeitenfischen).

Die ganze **Westküste** ist etwas rauer und wilder und besteht fast uneingeschränkt aus einem einzigen, schier unendlichen Strand – die Sandfläche erstreckt sich vom Leuchtturm von Chassiron bis zum Pointe de Gatseau ganz im Süden. Der größte zusammenhängende Strand ist der Grande Plage von Saint-Trojan im südlichen Teil der Insel. Mit herrlich feinem Sand und den großen und kleinen Dünen ist er perfekt zum Sonnenbaden und süßen Nichtstun. Aber auch Surfer kommen bei guten Wellen hier auf ihre Kosten. Die Surfstrände wie Les Sables oder Les Huttes findet man etwas weiter nördlich.

An der ruhigeren **Ostküste** erstreckt sich im Norden ein sandiges Watt mit teils wunderbaren Stränden mit feinem Sand, beispielsweise am Plage du Boyardville. Der Strand direkt am Städtchen ist etwas belebter, aber sobald man weiter Richtung Norden läuft, wird es ruhiger und immer weniger besucht. Wer es einsamer mag, kann den Strand entlang gen Norden wandern und gelangt dort zum Plage du Saumonards. Dessen Name kommt vom gleichnamigen Militärstützpunkt, der allerdings nicht mehr in Betrieb ist. Hinter dem Fort und dem Pinienwald erstreckt sich ein kilometerlanger Strand, an dem man teilweise recht einsam dem Badevergnügen nachgehen kann. Auf einem Teil ist sogar Nacktbaden erlaubt.

Entfernung/Fahrzeit
230 km/3,5 Std.

Aufenthaltsdauer
1 (Anreise) + 2 Tage

Besonderheiten
Maut ca. 8 €, wetterbedingte Umweltzone in Gironde

Sehenswürdigkeiten
Zwischenstopp: Cognac
Cité du Vin, Place de la Bourse mit dem Mirroir d'Eau, Stadtviertel Saint-Pierre, Jardin Public, Darwin Ecosystème

Aktivitäten
Stadtführung, Dinner-Kreuzfahrt auf der Garonne, Katamaran-Fahrt, Fahrradtour am Ufer der Garonne

ETAPPE 4

BORDEAUX

Bordeaux

GESICHTER EINER GROSSSTADT

Nach Natur pur auf der Île d'Oléron fahren wir nun weiter in die Großstadt. Das dynamisch-junge Bordeaux, Hauptstadt des Départements Nouvelle-Aquitaine, wartet darauf, entdeckt zu werden. Da der Stadtring vor allem morgens und nachmittags im Berufsverkehr recht voll werden kann, ist es ratsam, rechtzeitig vom Campingplatz aufzubrechen, um noch vor der Rushhour durch den Verkehr in Bordeaux zu kommen.

Ein empfehlenswerter Zwischenstopp auf dem Weg dorthin ist das kleine Städtchen **Cognac**. Es ist nur ein kleiner Umweg, und der Name verrät schon, wofür dieser Ort bekannt ist: Cognac ist ein Branntwein, der nur hier in der Umgebung gebrannt werden darf. Die bekanntesten Häuser, die Publikum aus der ganzen Welt anziehen, sind beispielsweise Hennessy, Rémy Martin und Camus. Mit ihrem Sitz mitten im Zentrum dominieren sie das Stadtbild und die Kenntnisse über das Produkt. Doch rund um das Städtchen sind noch mehrere Tausend (!) weitere unabhängige Cognac-Produzenten registriert, die bei diesem Zwischenstopp besichtigt und kennengelernt werden können. Viele kleinere Produzenten bieten eine nahezu private Führung durch das Weingut, die Destillerie, den Weinkeller sowie eine Verkostung der eigenen Produkte an. Ein sehr nettes Haus ist beispielsweise die unabhängige Produktion Guillon Painturaud von Line Sauvant. Doch über dem Probieren bitte nicht vergessen, dass du noch ein gutes Stückchen nach Bordeaux – knapp 1,5 Stunden bzw. 130 Kilometer – fahren musst. Die Strecke ist allerdings recht entspannt, nur kurz vor Bordeaux selbst wird es etwas voller.

Oben: Französische Wurst- und Käseplatte im Utopia Bordeaux
Unten: Die größte Weinauswahl, die wir je gesehen haben – Cité du Vin

Nachgefragt

Die besten Tipps der Locals im Interview

Die Cognac-Produzentin Line Sauvant lebt mit ihrer Familie in Biard etwas außerhalb von Cognac und betreibt seit 15 Jahren das unabhängige Cognac-Weingut Guillon Painturaud aus dem Jahre 1610 in alter Familientradition. Beinahe täglich führt sie Besucher aus aller Welt durch ihr Weingut und erklärt, wie die Trauben geerntet und der Wein gebrannt werden und wie lange es dauert, um einen guten Cognac zu erzeugen.

Hallo Line, was magst du an deinem Job am meisten?
LINE SAUVANT: *Ich liebe es einfach, Cognac und Pineau de Charente zu brennen. Vor allem das »Blenden«, also das Mischen, macht mir Spaß. Aber ich finde es auch immer schön, Besucher zu treffen und ihnen den Cognac zu zeigen sowie den aufwendigen Herstellungsprozess, die Alterung und Lagerung zu erklären. Generell meine Passion an die Besucher weiterzugeben – das erfüllt mich. Der älteste Tropfen bei uns ist übrigens aus dem Jahre 1965 und damit schon über 50 Jahre alt. Mit Naturprodukten zu arbeiten ist eine tolle Sache! Man ist draußen, inmitten der Weinreben – ein Leben in der Großstadt kann ich mir heute nicht mehr vorstellen.*

Was sind deine Lieblingsorte an der Atlantikküste?
LINE SAUVANT: *Vor allem La Rochelle – die Stadt ist wirklich sehr schön. Und wenn wir Zeit haben, fahren wir auch gerne zu einem Ausflug auf die Île d'Aix oder in den Norden der Île d'Oleron, weil es da besonders natürlich und wild ist.*

Was ist dein Lieblingsrezept mit dem Produkt, das du herstellst?
LINE SAUVANT: *Ich kombiniere gerne unseren Pineau de Charente mit Kaninchen, Garnelen oder Jakobsmuscheln. Ein Schuss davon in die Sauce, dazu Pasta … fertig ist ein köstliches »dîner«!*

Führung durch Guillon Painturaud
Biard 7 Rue du Coteau, 16130 Segonzac
Di–Sa 10–14 Uhr (Juli–Sept. auch Mo),
Dauer ca. 1,5 Std.
www.cognac-guillon-painturaud.com

Campingplatz

Der Campingplatz Le Village du Lac ist der einzige Campingplatz im Stadtgebiet von Bordeaux, liegt allerdings ca. eine halbe Stunde außerhalb der Innenstadt, direkt neben Expo-Gelände, Stadion und einer Schnellstraße. Davon bekommt man auf dem gemütlichen grünen Platz aber nicht viel mit – und mit Straßenbahn, Bus oder dem Rad (auf dem Platz gibt es auch einen Fahrradverleih) kommt man recht bequem ins Zentrum von Bordeaux. Die Stellplätze, meist unter Bäumen, sind zum Teil um einen netten Teich

Oben links: Cognac-Produzentin Line Sauvant bei der Arbeit
Oben rechts: Cognacfässer im Keller
Unten: Der Campingplatz Le Village du Lac bei Bordeaux

KNAUS

BORDEAUX

angeordnet. Es gibt einen Pool, Spielmöglichkeiten für Kinder und ein sehr gutes Restaurant.

Le Village du Lac********
Boulevard Jacques Chaban-Delmas,
33520 Bruges
Tel. +33 557 87 70 60
www.camping-bordeaux.com/de/
Ganzjährig geöffnet

Bordeaux – zwischen Klassik und Moderne

Bordeaux ist eine Stadt mit zwei Gesichtern. Sie empfängt ihre Besucher traditionell – mit Prachtbauten, Theatern, Kathedralen und repräsentativen Plätzen; und sie empfängt sie jung und dynamisch – mit alternativen Vierteln, moderner Architektur, jeder Menge Vibe.

Oben: Das Stadttor Porte Cailhau kann auch besichtigt werden.
Unten: Pont Jacques Chaban-Delmas – die größte Hubbrücke Europas

Und mit Wein natürlich ... Das ist wahrscheinlich das Erste, was einem in den Kopf kommt, wenn man an Bordeaux denkt. Tatsächlich begegnet einem der rote, betörende Traubensaft überall, wenn man durch die herrliche Altstadt flaniert. Doch die siebtgrößte Stadt Frankreichs hat noch viel mehr zu bieten ...

Bordeaux ist im Aufbruch. Das alte, von der UNESCO ausgezeichnete Bordeaux wurde bereits vor ein paar Jahren auf Vordermann gebracht. Über die Jahre schwarz gewordene Fassaden wurden gereinigt und erstrahlen mittlerweile im ursprünglich hellen Glanz des Sandsteins. Plätze wurden aufpoliert und neue Highlights wie der »Mirroir d'Eau« (Wasserspiegel) erschaffen. Damit einher ging auch eine Veränderung der gesamten Stadt. Das ehemals unansehnliche Flussufer der Garonne erwachte auf beiden Seiten zu neuem Leben und hat sich zum Mittelpunkt der Stadt entwickelt. Herrschte dort in den Hangars vor ein paar Jahren noch die Welt der Seemänner in Form dunkler Gestalten und Tristesse, haben sich mittlerweile in den alten Kaianlagen Geschäfte, Boutiquen und Cafés angesiedelt. Auch rund um die »Cité du Vin« – eine architektonisch und inhaltlich meisterhafte Sinnesreise durch alle Facetten des Weins – ist ein modernes, neues Wohnviertel mit Markthalle und tollen Restaurants entstanden. Auf der gegenüberliegenden Seite bietet das Künstlerviertel Darwin in einer ehemaligen Kaserne mit Craftbeer, Künstlern und Vintage-Läden eine ganz andere, alternative Atmosphäre.

Bordeaux City Pass

Der City Pass ist eine sinnvolle Investition, denn er bietet die unlimitierte Nutzung der öffentlichen Transportmittel (Tram, Bus und Fähre), freien Eintritt in einige Hauptattraktionen der Stadt (z. B. Cité du Vin, Tour Pey-Berland, Porte Cailhau, Grosse Cloche) und in etliche Museen (u. a. Museum of Fine Arts, Museum der Dekorativen Künste und Design), die kostenlose Teilnahme an einer Stadtführung sowie Rabatte für weitere Aktivitäten und Sehenswürdigkeiten. Er ist für 24, 48 und 72 Stunden zu 29, 39 bzw. 43 € erhältlich.
Office de Tourisme, 12 Cours du 30 Juillet, 33000 Bordeaux
www.bordeaux-tourismus.de/Praktische-Infos/Bordeaux-Metropole-City-Pass

Ist es eine Weinkaraffe? Oder der Schwung der Garonne-Strömung? Tatsächlich ist die architektonisch höchst anspruchsvolle Fassade der **Cité du Vin** dem Getränk nachempfunden, für das sie steht. Seit 2016 erstrahlt dieses moderne Museum – ein Highlight der Stadt – auf der linken Seite der Garonne im ehemaligen Arbeiterviertel Bacalan, das lange Zeit sozialer Brennpunkt war. In seinem Inneren gibt es aber nur ein Thema: Wein! Wo kommt er her? Seit wann gibt es ihn? Wie wird der rote oder weiße Saft aus den Trauben gewonnen? Mit welchen Schwierigkeiten haben die Winzer in aller Welt zu kämpfen? Und welche mystischen Sagen sind rund um den Wein entstanden? Die Ausstellung ist sehr interaktiv und spannend gestaltet. Ein moderner Audioguide führt durch die anspruchsvoll gestalteten Räume, in denen Videotafeln, kreative Spiele, Tast- und Geruchsinstallationen die Fragen der Besucher beantworten.

Übrigens: Mit dem City Pass erhältst du im Anschluss an die Ausstellung exklusiven Zugang zur Aussichtsplattform Belvedere im obersten Stock des »Weinglases«, die einen tollen Blick über Bordeaux gewährt, und zusätzlich noch ein Glas Wein zum Probieren. Wer sich gleich mit den passenden Fläschchen eindecken möchte: Im Erdgeschoss gibt es einen großen, futuristischen Laden mit Weinsorten aus aller Welt!

Cité du Vin

Esplanade de Pontac, 134 Quai de Bacalan, 33300 Bordeaux
Preis 20 €, Kinder 9 €
www.bordeaux-tourismus.de, www.laciteduvin.com/

Oben: Wine Tasting auf der Aussichtsplattform Belvedere in der Cité du Vin
Unten: Vorspeisenplatte im Restaurant La Familia

Chez Thérèse
Chez Thérèse
L'OPTICIEN de Saint-Michel

Le Familia – Brasserie des Halles
149 Quai de Bacalan, 33000 Bordeaux
www.familia-brasserie.fr
In der Trendgegend gegenüber der »Cité du Vin«, neben einer Markthalle, schick, aber nicht übertrieben, mittleres Preisniveau. Kulinarisch gibt es Frankreich vom Feinsten mit einem sehr zuvorkommenden Service. Mittagsangebot: »Plat du jour« für ca. 14 €.

Mit leisem Zischen schießt der Nebel aus den Düsen und hüllt den gesamten Platz in ein sanftes, magisches Licht. Nur wenige Minuten hält dieser zauberhafte Moment, denn kurz danach füllt sich das riesige Wasserbecken knapp zwei Zentimeter tief mit Wasser … und dann ist kein Kind mehr zu halten. Von allen Seiten stürmen sie in das flache Becken, laufen darin, jagen umher, fahren mit ihren Rädern hindurch und bespritzen einander mit Wasser. Auch mancher Erwachsene kann sich bei diesem Anblick nicht zurückhalten – der Wasserspiegel ist bei heißen Temperaturen einfach zu verlockend.

Das Herzstück des neuen Bordeaux sind ohne Zweifel der **Place de la Bourse** und der magische Wasserspiegel »**Mirroir d'Eau**« direkt davor. Der Landschaftsarchitekt Michel Corajourd hat hier im Jahr 2006 etwas Einmaliges geschaffen, was sich die Stadtplaner in ihren kühnsten Träumen nicht hatten vorstellen können: einen Platz, auf dem sich Groß und Klein begegnen, Touristen und echte Bordelais. Eigentlich war das Wasserelement nur als optisches Highlight gedacht, das den imposanten »Platz der Börse« (Place de la Bourse) im Hintergrund unterstreichen und weiter hervorheben sollte. Doch die Bürger von Bordeaux (und später auch die Touristen) haben diesen Platz nun als stadteigenen Spielplatz angenommen. Tagsüber vergnügen sich hier bei gutem Wetter die Kleinen und Großen, und nachts verzückt der Platz mit einer romantischen Spiegelung der umliegenden, beleuchteten Gebäude. So hat es der Place de la Bourse innerhalb kürzester Zeit zum am häufigsten fotografierten Ort in ganz Bordeaux geschafft.

Das **Stadtviertel Saint-Pierre** ist das historische Herz von Bordeaux. Hierher zogen sich die Bewohner der Stadt nach der Zerstörung ihres römischen Vorläufers zurück und gründeten ein neues Viertel. Der Place Saint-Pierre bildete früher die Einfahrt zum Innenhafen, wo die voll beladenen Schiffe anlegten, bevor sie weiter in die verschiedenen Provinzen fuhren. Zahlreiche Händler siedelten sich an und machten es zu einem florierenden Viertel. Auch heute noch geht es in den kleinen Gassen mit vielen Restaurants, in denen sich Touristen unter Studenten und Bordelais

Oben: Spiel und Spaß im beliebten Wasserspiegel am Place de la Bourse
Unten: Das lebendige Viertel Saint-Pierre

mischen, sehr lebhaft zu. Am besten gelangst du vom mächtigen Stadttor Porte Cailhau aus ins Viertel, in dem man sich wunderbar von einem romantischen Platz zum nächsten treiben lassen kann, vorbei an unzähligen Cafés und Bars. Tipp: Auch eine Besichtigung von Porte Cailhau, dem original erhaltenen Stadttor von 1494, ist möglich – mit dem City Pass sogar kostenlos. Die Aussicht von der Turmspitze über die Stadt ist sehenswert.

Utopia Bordeaux
5 Place Camille Jullian, 33000 Bordeaux
www.cinemas-utopia.org/bordeaux/
Mitten in Saint-Pierrre. Restaurant und Kino in einem alten Kloster mit geschwungenen Bögen, verzierten Glasfenstern, schweren Holztischen und Kirchenbänken. Hipp, aber nicht abgehoben. Gutes Barfood mit Sandwich-Variationen, Salaten, Wurst- und Käseplatten sowie eine Auswahl an Bieren, Weinen und auch Cocktails. Kult- und Arthouse-Filme abseits des Hollywood-Mainstreams.

Ein kostenloser Geheimtipp für eine fantastische Aussicht über die Dächer der Stadt ist das Parkhaus »Victor Hugo« in der Innenstadt … Neben der Sportarena gelegen, ist es von der Straße Cours Victor Hugo über einen Fahrstuhl öffentlich zugänglich. Einfach in den obersten Stock fahren und vom obersten Parkdeck den Blick schweifen lassen. Von hier könnt ihr die berühmte »Grosse Cloche«, das Tor mit dem großen Glockenturm, bestaunen, einen Blick auf die Kathedrale Saint-André mit dem Aussichtsturm Pey Berland erhaschen und beinahe bis zur Garonne blicken.

Wer genug vom Trubel der Großstadt hat oder einen kleinen Spaziergang einlegen möchte, für den ist der **Jardin Public** genau das Richtige. Die elf Hektar große grüne Lunge im Stadtzentrum lockt Familien, Jogger und Studenten gleichermaßen an. Ein Bach mit traumhaften kleinen Brücken fließt mitten durch die Grünanlage, viele Kinderspielplätze und ein Kasperletheater, das berühmte Guignol Guérin, sorgen für Abwechslung. Der Jardin Public gehört zu den »Jardins Remarquables de France«, zu den »bemerkenswerten Gärten Frankreichs«. In ihm befinden sich auch das Naturhistorische Museum von Bordeaux, ein kleiner botanischer Garten sowie ein Restaurant in der ehemaligen Orangerie.

Einer unserer Lieblingsorte, den du auf keinen Fall verpassen solltest, ist das **Darwin Ecosystème** – das Szenezentrum von Bordeaux. Die alte verlassene Kaserne auf der rechten Seite der Garonne, von außen eher unscheinbar und nicht sehr einladend, stand viele Jahre ungenutzt, bis vier Freunde

Oben: Carina im Jardin Public
Unten: Darwin Ecosystème – das Szeneviertel der Stadt

IF THE
OCEAN DIES
YOU DIE

MAGASIN GENERAL
Conciergerie

eine gemeinsame Idee hatten: diesem verlorenen Industriedenkmal eine neue Seele und Bestimmung zu geben. Heute, mehr als acht Jahre nach dem waghalsigen Start 2012, kann man sagen, dass dieses Experiment geglückt ist. Mehr noch – es ist weit über sein ursprüngliches Ziel hinausgewachsen! Denn die verlassene Kaserne beheimatet nun das hippe Volk von Bordeaux. Hier haben die Kreativen ihr Zuhause gefunden; es gibt eine Mikro-Craftbeer-Brauerei (Darwin Beer), Coworking Spaces, Bio-Restaurants und einen großen Bio-Supermarkt, kleine Boutiquen, eine Skaterhalle, einen Beach Club und noch vieles mehr. Unter der Woche treffen sich unter der überdachten Halle, dem »Place du village«, die Co-Workers, am Wochenende kommt man zum Brunchen und pünktlich zum Apéro fangen die DJs an, ihre Platten aufzulegen und den Feierabend einzuläuten.

Zum Darwin Ecosystème gelangt man am besten zu Fuß oder mit dem Rad – entweder über die Brücke Pont de Pierre oder von der Cité du Vin über die moderne Hebebrücke Pont Jaques Chaban-Delmas mit ihren vier Türmen und von dort ein kleines Stück weiter am Ufer der Garonne entlang. Ein wenig Zeit solltest du auf jeden Fall mitbringen, um das bunte, innovative Darwin zu erkunden. Entdecke die Street-Art-Gemälde, probiere den Kaffee aus der hauseigenen Rösterei L'Alchemiste, entspanne bei elektronischer Musik auf den alten Ledermöbeln und nimm den neuen Vibe von Bordeaux auf.

Kunst, Kultur und modernes Arbeiten
im Darwin Ecosystème

Darwin Ecosystème
87 Quai des Queyries, 33100 Bordeaux
https://darwin.camp/

Aktivitäten in Bordeaux

Nach den entspannten Tagen in den kleinen Dörfern in der Bretagne oder auf der Île d'Oléron mussten wir uns erst einmal wieder ein bisschen an das Stadtleben gewöhnen, auch, weil Bordeaux einen auf den ersten Blick fast überwältigt. Theater, Opern, Stadtschlösser, Kathedralen, Kirchen – das Zentrum von Frankreichs Südwesten geizt nicht mit prachtvollen Bauten und repräsentativen Plätzen, und man kann sich schnell ein wenig in seinen kleinen, teils verwinkelten Gassen und Straßen verlaufen. Deshalb ist eine kurze **geführte Stadttour** sehr empfehlenswert, um einen ersten Eindruck von der Stadt zu gewinnen und ein wenig über ihre Geschichte, ihre berühmten Bewohner und die besonderen Plätze und Bauten zu erfahren – vom Grand

Théâtre über versteckte Orte bis hin zu den Resten der alten Stadtmauer. Obendrein bekommt man noch Insider-Tipps eines echten Bordelais für Lokale, Weinbars und Restaurants – und all das als Besitzer des Bordeaux City Passes kostenlos!

Stadtführung
Dauer: ca. 1,5 Std.
Start: Office de Tourisme, 12 Cours du 30 Juillet, 33000 Bordeaux (dort auch die Zeiten erfragen und reservieren)

Chez Fred – Bar des Vedettes
19 Place du Palais, 33000 Bordeaux
www.barchezfred.com
Charmantes kleines Bar-Restaurant mit großen Postern der Stars und Sternchen der 50er- und 60er-Jahre (»Bar des Vedettes« bedeutet »Bar der Stars«). Direkt vor der berühmten Porte Cailhau, wunderbar zum Draußensitzen und Genießen des Trubels rundherum geeignet.

Schon von Weitem sieht man die schicken roten Schiffe von Bordeaux River Cruise gemächlich die Garonne auf und ab fahren. Wenn du dir während deines Aufenthalts in der Stadt des Weins noch einen besonderen Ausflug gönnen möchtest, können wir dir eine kleine »Flusskreuzfahrt« sehr empfehlen. Die stylischen Schiffe laden zweimal am Tag zur **Gourmet Cruise** – pünktlich zum Lunch oder Dinner. Los geht es am Fuße der Cité du Vin, passenderweise mit einem Begrüßungsaperitif. Während du vom Wasser aus den Blick über die Stadt schweifen lassen kannst, wird ein leckeres Drei-Gänge-Menü serviert. Dazu gibt es natürlich den passenden Wein aus der Region. Das Vergnügen ist nicht günstig, aber besonders am Abend mit Blick auf die beleuchtete Stadt ein Traum.

Gourmet Cruise auf der Garonne
Preis ab 59 € p. P.
(25 % Rabatt mit Bordeaux City Pass)
Start: Ponton d'Honneur – Quai Richelieu
https://bordeaux-river-cruise.com/

Ebenfalls im Bordeaux City Pass enthalten ist eine kostenlose Bootsfahrt mit dem öffentlichen **Shuttle-Katamaran BatCub**. Die kleinen Katamarane flitzen von der rechten auf die linke Garonne-Seite und starten in Stalingrad, nahe der Pont de Pierre, halten

Oben: Die Oper von Bordeaux
Unten: Der Place des Quinconces

PLACE DU PALAIS
19 BAR des VEDETTES 19
CAFE
ET
LAIT
CHOCOLAT
ET
THE
LIMONADE
ET
SODAS

danach am großen Platz Quinconces, bei den Hangars, der Cité du Vin und dann wieder auf der rechten Seite bei der großen Autobahnbrücke Lormont Bras.

Eine wunderbare Sache ist natürlich eine **Fahrradtour entlang der Garonne**. Unsere eigenen Drahtesel haben uns auf unserer Frankreichreise beinahe täglich einen guten Dienst erwiesen, aber auch für alle diejenigen, die ihre Fahrräder zu Hause gelassen haben, gibt es in Bordeaux – überall in der Stadt verteilt – City Bikes des öffentlichen Nahverkehrs zum Entleihen. Die ersten 30 Minuten sind kostenlos, jede weitere Stunde schlägt mit zwei Euro zu Buche, sodass sich eigentlich gleich der Tagestarif für 24 Stunden lohnt. Mit dem Rad kann man hervorragend entlang des gesamten Garonne-Ufers radeln, denn die Stadt hat in den letzten Jahren viel in den fahrradfreundlichen Ausbau investiert, und dabei die Hangars, das Viertel Chatrons, die Brücken über den Fluss und kleine, unbekannte Stadtviertel wie Notre Dame entdecken. Und danach hat man sich ein Glas Wein redlich verdient. Santé!

Die Bar des Vedettes – charmantes kleines Bar-Restaurant

Französischer Burger mit Entenconfit

Entenconfit aus der Dose oder dem Glas (im Supermarkt erhältlich)
1 Zwiebel
Salat (z. B. Rucola oder Eisbergsalat)
100 g Edelkäse (z. B. Roquefort, Ziegenkäse)
Preiselbeermarmelade
Piment d'Espelette
Senf
Rosmarin und Thymian
1 Nelke
1 Lorbeerblatt
Fleur de Sel

Mini-Baguette oder Burger-Brötchen

Entenconfit aus der Dose nehme, Fett abstreichen, dabei ca. 3–4 EL Entenfett aufbewahren. Haut vom Fleisch lösen, das Fleisch mit einer Gabel oder besser noch mit den Händen auseinanderzupfen, sodass die Fleischfasern ein wenig getrennt werden. Mit etwas Fett in einer Pfanne mit etwas Piment d'Espelette und einem Hauch Fleur de Sel würzen. Frische Kräuter und Gewürze dazugeben und 4–5 Min. braten. In der Zwischenzeit die Zwiebel in Scheiben schneiden. Angebratenes Fleisch aus der Pfanne nehmen, zur Seite stellen und die Zwiebeln in der Pfanne glasig anbraten. Burger-Brötchen toasten oder halbierte Brötchen in der Pfanne anrösten, mit Senf bestreichen, mit Salat, Confit de Canard und Zwiebeln belegen und mit Käse und einem Klecks Preiselbeermarmelade garnieren.

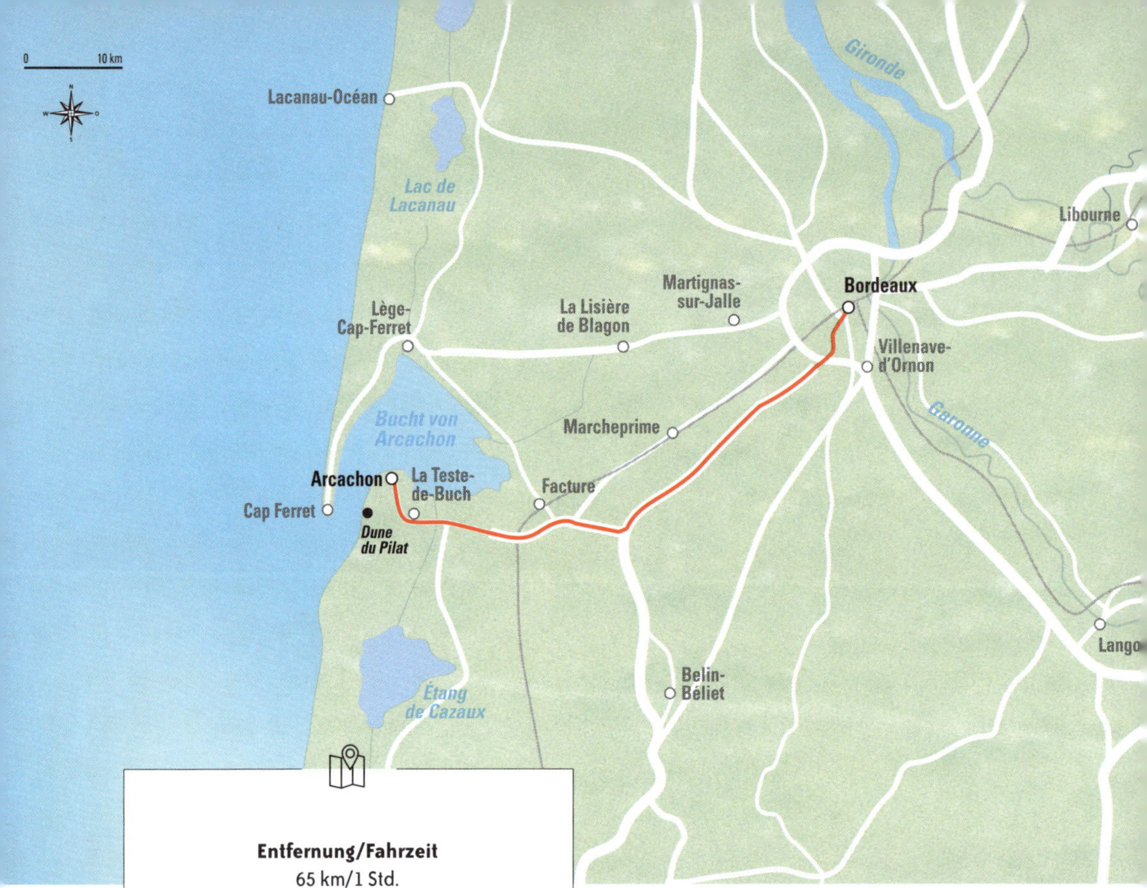

Entfernung/Fahrzeit
65 km/1 Std.

Aufenthaltsdauer
1 Tag (Anreise + Aufenthalt)

Aktivitäten
Dune du Pilat (Wanderungen, Paragliden), Bootsfahrten

Arcachon

BADEN AM FUSS DER WANDERDÜNE

Nach ein paar Tagen in der Großstadt geht es zurück an den Atlantik und in den Badeort Arcachon. Es empfiehlt sich, frühzeitig aufzubrechen, um den Tag für Arcachon nutzen zu können. Wer Zeit hat, kann natürlich auch länger dort bleiben – die Strände und Aktivitäten lohnen sich durchaus. Am besten verlässt du Bordeaux entweder über den Ring A630 oder durch die Stadt in Richtung Südwesten. Auf der A63 folgst du dieser für etwa 30 Kilometer und fährst dann die A660 in Richtung Bassin d'Arcachon weiter.

Campingplätze

Die meisten Campingplätze rund um Arcachon liegen am Fuß der Dune du Pilat, gute zehn Kilometer von der Stadt entfernt. Mit dem Fahrrad sollte das kein Problem sein, ohne ist zu überlegen, den Camper auf einem Parkplatz abzustellen und zuerst die Stadt zu besichtigen, bevor man zum Campingplatz fährt.

Der Camping Club Arcachon ist einer der wenigen Campingplätze nahe der Stadt, sprich ein Stückchen hinter der Winterstadt. Für die knapp zwei Kilometer bis in die Sommerstadt und zu den Stränden benötigt man zu Fuß etwa 20 bis 25 Minuten. Für einen reinen Badeurlaub am Strand ist der Platz daher nicht so gut geeignet, für einen guten Mix aus Strand und Stadt aber perfekt. Die ca. 250 Stellplätze liegen meist schattig unter Pinienbäumen und sind durch natürlichen Busch- und Baumbewuchs abgegrenzt. Die große Poollandschaft lädt Groß und Klein zum Baden ein und für die Kids gibt es im Sommer ein kleines Animationsprogramm.

Camping Club Arcachon****
5 Avenue de la Galaxie, 33120 Arcachon
Tel. +33 556 83 24 15
www.camping-arcachon.com/
Ganzjährig geöffnet

Der schönste Platz an der Dune du Pilat ist unserer Meinung nach der Campingplatz

Bunte Paraglider an der Dune du Pilat

Panorama du Pyla. Hier abends vor dem Camper bei einem Gläschen Wein die Paraglider zu beobachten, die im Sonnenuntergang von der Düne starten, fühlt sich schon ein wenig nach dem Paradies auf Erden an. Der Campingplatz erstreckt sich auf einem terrassierten Gelände direkt an der Dune du Pilat, sodass man von den meisten Stellplätzen einen beeindruckenden Ausblick auf Düne und Meer hat. Sie liegen meist im Pinienwald und sind großzügig verteilt. Der Platz hat einen direkten Zugang zur Düne und ist bei Paraglidern wegen des nahen Startplatzes sehr beliebt. In der Hauptsaison sollte man deshalb unbedingt im Voraus reservieren.

Yelloh! Village Panorama du Pyla****
Grande Dune du Pyla, Route de Biscarrosse,
33115 Pyla sur Mer
Tel. +33 556 22 10 44
www.camping-panorama.com/
Ganzjährig geöffnet

Restaurant Le Panorama
Avenue de Biscarrosse, 33115 La Teste-de-Buch
Fantastische Aussicht, gutes Essen (hervorragende Holzofen-Pizzen, üppige Pastagerichte).
Auch für Nicht-Camping-Gäste zugänglich.

Direkt nebenan findet sich ein weiterer empfehlenswerter Platz: Le Petit Nice, der kleinste der fünf Campingplätze direkt an der Düne. Er liegt am südlichen Ausläufer der Düne und hat direkten Zugang zum feinen Sandstrand und zum Meer. Die 225 Stellplätzen liegen unter hohen Pinienbäumen, es gibt den obligatorischen Poolbereich (etwas dezenter als bei den benachbarten Plätzen) und für Kinder ein kleines, nicht aufdringliches Animationsprogramm.

Le Petit Nice****
Route d'Arcachon à Biscarosse,
3311 Biscarrosse
Tel. +33 556 22 74 03
www.petitnice.com/
Ende März bis Ende Sept.

Arcachon – Stadt der vier Jahreszeiten

Der Badeort Arcachon gehört zu den beliebtesten an der französischen Atlantikküste. Die Pariser sind mit dem TGV in drei Stunden da, von Bordeaux aus braucht man nur 50 Minuten. Das bedeutet aber auch: Im Sommer pilgern viele nach Abkühlung lechzende Großstädter dorthin. Kurios: Arcachon beherbergt eigentlich vier Städte: die Frühjahrs-, Sommer-, Herbst- und Winterstadt.

Der Campingplatz mit der wohl besten Aussicht: Panorama du Pyla

Letztere – **Ville d'Hiver** – entstand im Jahr 1863, als die Brüder Émile und Isaac Pereire anfingen, auf dem Hügel über dem Strand Villen zu bauen. Der Grund: Sie wollten für ihre Bahnstrecke zwischen Arcachon und Bordeaux werben und sprachen dabei die zahlungskräftige Klientel aus dem luftbelasteten Bordeaux an, die hier entspannen oder sich von Tuberkulose und anderen Atemwegserkrankungen erholen sollte. Um die Reichen und Schönen anzulocken, errichteten sie im höher gelegenen Pinienwald eine ganze Villenstadt voller Gebäude, die genug Platz bieten sollten für die gesamte Entourage. Heute kann man durch die steilen Gassen spazieren und die stilistisch völlig unterschiedlichen Villen besichtigen. Jedes Gebäude verkörpert den Geschmack des jeweiligen Erbauers. Die italienisch-römische Villa steht neben einem Haus im alpenländischen Stil, das wiederum der Villa Faust benachbart ist, die nicht ohne Grund den Namen von Goethes Werk trägt und wie eine leicht gruselige Burg daherkommt. Allen gemein ist nur der Hang zu etwas Dekadenz und Verspieltheit.

Um die Gäste zu bespaßen, wurde neben einem Kasino damals auch ein 25 Meter hoher Aussichtsturm gebaut. Das Kasino ist abgebrannt, der Turm – das **Observatoire Sainte-Cecile**, ein Metallturm mit Aussichtsplattform, zu der eine sehr wackelige Wendeltreppe aus Stahl hinaufführt – steht noch und bietet einen tollen Panoramablick über die Dächer der Villen bis hinunter zur Sommerstadt und zum Strand. Bei guter Sicht kann man sogar bis hinüber zur Île aux Oiseaux (Vogelinsel) schauen. Ein durchgehendes Drahtseil verbindet die Stufen miteinander, weshalb sie sich beim Hinaufsteigen leicht bewegen – gut festhalten ist daher angebracht. Bis zu acht Personen können gleichzeitig auf den Turm klettern, an dessen Bau der Architekt Paul Regnauld und der bekannte Gustave Eiffel beteiligt waren.

Oben: Pavillon aus dem 19. Jahrhundert
Unten: Eine der vielen Villen in der Winterstadt (Ville d'Hiver)

Die Frühlingsstadt (Ville de Printemps) liegt in Strandnähe Richtung Düne. Das eigentliche Zentrum von Arcachon ist aber die Sommerstadt (**Ville d'Été**). Zwischen Bahnhof und der Strandpromenade gelegen, befinden sich hier in der Innenstadt die meisten Geschäfte, Restaurants, aber auch die meisten Touristen – im Sommer übertrifft deren Zahl tatsächlich die Anzahl der Einheimischen um das Sechsfache! Glücklicherweise verteilen sie sich gut auf dem etwa fünf Kilometer langen Boulevard de la Plage, der sich einmal quer durch die Stadt zieht. Unten am Wasser kann man beispielsweise auf der breiten Uferpromenade hervorragend einen Aperitif in einem der zahlreichen Cafés und Restaurants genießen, durch die schicken Boutiquen bummeln oder das Château Deganne besichtigen. Das pittoreske Schlösschen befindet sich im Osten des Boulevards und beheimatet seit 1903 das berühmte Strand-Kasino. Am Strand laufen auch die beiden Molen Jetée Thiers und Jetée d'Eyrac ins Wasser, von denen die Ausflugsboote zur Île aux Oiseaux starten.

Aufgrund des hohen Gezeitenunterschieds in der Bucht von Arcachon sind Liegeplätze für größere Schiffe und Jachten rar gesät. Der **Fischereihafen** ist der einzige Tiefwasserhafen der Bucht und der **Jachthafen** der zweitgrößte Freizeithafen der Atlantikküste. Die Marina von Arcachon liegt zwischen der Herbststadt (Ville d'Automne) und La Teste-de-Buch und lockt Segeltouristen aus aller Welt an – die 2600 festen Standplätze sind allerdings auf Jahre hinaus ausgebucht. Ein Restaurant reiht sich an das nächste, ohne den Ort dabei aber wirklich zu verschandeln. Wer ein bisschen Monaco-Feeling schnuppern möchte, kann dies hier tun. Im Fischereihafen kann man am historischen Kai auch traditionelle Holzsegelboote bewundern oder Bildhauerkunst von Claude Boscau.

Auch im flachen Wasser des Beckens von Arcachon gedeihen Austern prächtig, weshalb es in und um Arcachon etliche Züchter gibt. Die besten und frischesten Austern bekommt man im Hafen von **La Teste-de-Buch**, dem Partnerstädtchen von Arcachon. Hier werden sie entweder direkt pro Dutzend verkauft oder es gibt ein kleines Verkostungsrestaurant. Man kann den Männern und Frauen bei der Arbeit auch ein bisschen über die Schulter schauen und zugucken, wie sie säckeweise Austern sortieren, umschichten und in größere Säcke umpacken – für Fans der Delikatesse ist es auf jeden Fall einen kleinen Abstecher wert!

Wine not?
46 Boulevard Mestrezat, 33120 Arcachon
www.restaurantlocean.com/de/
Nettes Lokal etwas abseits typischer Touri-Läden in der Herbststadt. Gemütliches Interieur mit vielen Weinkisten und -flaschen, leckeres Essen, große Weinkarte, akzeptable Preise.

Aktivitäten rund um Arcachon

Ist das die Sahara? Wenn man mit schweren Schritten die Sandmassen der **Dune du Pilat** emporkraxelt, kommt zwangsläufig ein Gefühl der Unendlichkeit, wie in einer Wüstenlandschaft, auf. Die Daten: Drei Kilometer lang, bis zu 110 Meter hoch und über 600 Meter breit ist die größte Wanderdüne Europas; ein wahrer Koloss aus feinstem Sand, gewachsen über mehrere Tausend Jahre – und DIE Touristenattraktion rund um Arcachon. Millionen Besucher aus aller Welt strömen jährlich zu dem majestätischen Sandberg und lassen sich von seiner Größe verzaubern. Aus der Luft wirkt sie fast schon unwirklich – umgeben

Oben: Der riesige Jachthafen von Arcachon
Unten: Sand, so weit das Auge reicht – Dune du Pilat

PETIT BATELIER
ARCACHON

von dichten Kiefernwäldern auf der einen und dem Atlantik auf der anderen Seite. Dieser ist es auch, der jährlich ein bis drei Meter des Sandes abfrisst und die Wanderung der Düne ins Landesinnere vorantreibt – jährlich um ein bis fünfeinhalb Meter! Durch den starken Westwind wird immer neuer Sand von der Sandbank Banc d'Arguin auf die Dune du Pilat geweht, sodass immer mehr Kiefern im Landesinneren unter den Massen verschwinden.

Zur Düne gelangst du, von Norden kommend, über Bordeaux und von dort auf der A63 in Richtung Bayonne/Arcachon. Nach der Ausfahrt Arcachon auf die A660 geht es auf der Nationalstraße N250 weiter. Nach 3,5 Kilometern wechselst du auf die D259, die dich bis zur Dune du Pilat bringt. Wie viel Geld hier zu Hause ist, erkennt man an den Riesenvillen an der Küstenstraße; viele Pariser haben sich hier ihren Traum vom Sommerhaus erfüllt.

Wanderung auf der Dune du Pilat
Preis Parkplatz 4–6 €
www.dunedupilat.com/de/

Ein besonderes Erlebnis:
Paragliding im Sonnenuntergang

Eines der magischsten Erlebnisse auf der Reise entlang der Atlantikküste ist das Paragliden auf der Dune du Pilat. Ein bisschen abenteuerlustig und schwindelfrei solltest du allerdings sein. Begleitet von einem erfahrenen Paraglider kann man zwischen einem ruhigen oder eher schnelleren Flug wählen. Doch auch »nur« zuzusehen kann befriedigen – für uns war es einer der berührendsten Momente auf der Tour: Sonnenuntergang auf dem Campingplatz an der Dune du Pilat, eine leichte Brise vom Atlantik, ein kühler Vino in der Hand, und vor uns die bunten Schirme der Paraglider, die majestätisch und fast geräuschlos in Richtung Düne und untergehende Sonne fliegen.

Paragliding auf der Dune du Pilat
Preis 50/80 € (10/20 Min.)
www.airvparapente.com

Auch ein schöner **Bootsausflug in die Bucht von Arcachon** ist sehr empfehlenswert. Zahlreiche Bootsanbieter bieten Fahrten auf die Vogelinsel Île aux Oiseaux oder zu den Austernbänken und den Cabanes Tchanquées, den berühmten Stelzenhäusern, von denen früher die Austernbänke im Bassin überwacht wurden. Größere Touren fahren noch bis zur Landspitze Cap Ferret oder weiter zur Dune du Pilat und der vorgelagerten Sandbank Banc d'Arguin. Je nach Angebot gibt es an Bord Getränke und Snacks oder gar ein ganzes Picknick inklusive Austern- und Weinverkostung.

Bootsausflüge
Preis ab 16 €, Dauer ab 2 Std.
www.bateliers-arcachon.com/

Ab zum Strand!

Feinster Sand, und das auf knapp sieben Kilometer Länge: Als unumstrittener Badeort begeistert Arcachon mit seinem schier endlosen Strand, der sich lediglich in mehrere Abschnitte aufteilt: Der **Stadtstrand von Arcachon** erstreckt sich einen knappen Kilometer an der Uferpromenade der Sommerstadt entlang und ist Ausgangspunkt für zahlreiche Bootsfahrten (siehe oben). Der bereits im 19. Jahrhundert berühmt gewordene Strand liegt ideal in der Nähe der Geschäfte und Restaurants der Innenstadt und ist im Sommer ein beliebter Treffpunkt bei Beach-Volleyballspielern.

Der berühmteste und größte von Arcachons Aufgebot an Stränden ist der **Plage Pereire**. Drei Kilometer feiner Sand und ein einzigartiger Blick auf die Halbinsel Cap Ferret erwarten die Besucher hier. Man kann Sport treiben, auf der Promenade Rad fahren, auf den Rasenflächen spielen oder entspannen und natürlich einfach baden und am Strand die Seele baumeln lassen. Wen nach einem langen Tag am Strand der Hunger oder Durst packt, der kann in einem der vielen Beach Clubs einkehren und den Sonnenuntergang genießen.

Club Plage Pereire
Plage Pereire, 33120 Arcachon
www.hotelvilledhiver.com/club-plage-pereire
Echtes Restaurant mit fangfrischem Fisch und Meeresfrüchten; moderne Küche, sehr gute Qualität; tolle Strandhaus-Atmosphäre direkt am Strand; abends zum Sundowner kann es voll werden.

Etwas weiter südlich vom Plage Pereire – wie bereits erwähnt, sind es nur Abschnitte eines durchgehenden Strandes – treffen sich am **Plage Moulleau** vor allem Familien, die angrenzend wohnen, und junge Leute zum gemeinsamen Chillout und Badevergnügen. Ein herrlicher Blick auf den Ausgang der Bucht, die Banc d'Arguin und die Dune du Pilat lockt Sonnenhungrige von nah und fern.

Oben: Der Weg hinunter zum Strand an der Dune du Pilat
Unten: Strandhaus-Atmosphäre im Club Plage Pereire

Die steilen Stufen hinauf zur Dune du Pilat

Französisches Omelette mit Pilzen

Ein luftig-schaumiges Omelett ist als schneller Imbiss oder Abendessen immer ein Genuss. Hier eine vegetarische Variante, die aber nach Herzenslust variiert werden kann.

6 Eier
Salz, Pfeffer, geriebene Muskatnuss
300 g braune Champignons
250 g Kirschtomaten
etwas Butter
gehackte Petersilie

Eier in eine Schüssel schlagen, mit Salz, Pfeffer und Muskatnuss würzen, gründlich mit einer Gabel verquirlen. Pilze putzen, in Scheiben schneiden, Kirschtomaten waschen und halbieren. 1 EL Butter in einer beschichteten Pfanne schmelzen und die Pilze darin bei mittlerer bis starker Hitze 3–4 Min. anbraten. Tomaten hinzugeben, salzen und pfeffern, gehackte Petersilie unterrühren. Das Gemüse in eine Schüssel geben und abdecken. Etwas Butter in die Pfanne geben, die Hälfte der Eier hineingießen und bei mittlerer Hitze braten. Dabei die Pfanne schwenken und noch flüssige Eiermasse auf der ganzen Fläche verteilen und stocken lassen. Sobald die Unterseite leicht gebräunt ist, das Omelette wenden und die Hälfte des Gemüses längs in die Mitte geben. Dann eine Seite des Eis darüberschlagen und aus der Pfanne nehmen. So nacheinander zwei Omeletts backen und möglichst schnell servieren. Dazu passt frisches Baguette und ein Glas Weißwein.

Entfernung/Fahrzeit
170 km/2 Std.

Aufenthaltsdauer
1 (Anreise) + 1 Tage

Besonderheiten
Maut ca. 10 €

Sehenswürdigkeiten
Zwischenstopp: Lac du Léon
Französische Bäderarchitektur

Aktivitäten
Surfen, Stand-up-Paddling, Fahrradtouren, Flussfahrt auf dem Couran d'Huchet

Soorts-Hossegor

DAS SURFERMEKKA FRANKREICHS

Weiter geht es mit Strandurlaub – diesmal ein Stückchen südlicher, ca. 50 Kilometer vor der Grenze zum Baskenland, in Soorts-Hossegor. Dafür geht es zunächst von Arcachon über die A660 auf die A63, die dich bis Capbreton, dem Nachbarort von Soorts-Hossegor, bringt. Wer möchte, kann auf der Fahrt einen Zwischenstopp am **Lac du Léon** einlegen, von wo aus sich eine Bootsfahrt auf dem »Amazonas Frankreichs«, dem Couran d'Huchet, empfiehlt. Mit kleinen Flachbodenbooten staaken die Bootsführer, begleitet von Libellen und Vögeln, durch das weit verzweigte, dschungelartige Netz des Flusses. Die Strecke über den Lac du Léon ist nur marginal länger, was die Kilometer betrifft, dauert aber eine knappe halbe Stunde länger, da es über Landstraßen (D652 und D72) durch den unendlichen Pinienwald dieser Gegend geht.

Oben: Frühstück auf dem Campingplatz
Unten: Bootsfahrt auf dem Couran d'Huchet

Campingplätze

Etwa acht Kilometer nördlich von Hossegor liegt der gemütliche Campingplatz Les Chevreuils. Von hier aus gelangt man mit dem Fahrrad oder Auto rasch nach Seignosse, Hossegor oder Capbreton, und zum riesigen Plage de Casernes sind es ca. 1,5 Kilometer durch den Pinienwald. Die knapp 200 großzügigen Stellplätze liegen entweder schön sonnig oder leicht beschattet in einem grünen Mischwald. Neben einem kleinen Supermarkt gibt es im Sommer ein nettes Restaurant und eine Bar nahe der Badelandschaft. Für die Kids ist mit einem kleinen Animations- und Sportprogramm gesorgt. Die Sanitäranlagen sind schon etwas in die Jahre gekommen, aber in Ordnung.

Camping Les Chevreuils****
2338 Route de Hossegor à Vieux Boucau,
40510 Seignosse
Tel. +33 558 43 32 80
www.chevreuils.com/fr/
Anfang April bis Mitte Okt.

Ein Stück hinter dem Lac d'Hossegor gibt es einen recht großen öffentlichen Wohnmobilstellplatz mit 85 Plätzen für Camper unter neun Meter Länge. Er wird vollautomatisch und ohne Rezeption betrieben, der Einlass funktioniert über eine Schranke. Sanitäranlagen sind vorhanden, vom Zustand her jedoch eher akzeptabel als gut mit nur einer Dusche für den ganzen Platz. Autarke Wohnmobile mit Toilette und Dusche an Bord genießen hier allerdings einen kostengünstigen Aufenthalt und eine sehr gute Lage in der Nähe der Stadt und des Sees.

Aire municipale de camping-cars
580 Route des Lacs, 40150 Soorts-Hossegor
www.i-park.fr/index3Ipark?terminal=89
Ganzjährig geöffnet

Soorts-Hossegor – chic und gemütlich

Der kleine Ort Soorts-Hossegor – kurz »Hossegor« – gilt als entspannte, nicht ganz so hochtrabende Alternative zum schillernden Biarritz. Weite, herrliche Strände und Dünenlandschaften, riesige Villen und jede Menge Surfschulen prägen sein Bild. Soorts-Hossegor liegt, eingebettet zwischen endlosen Pinienwäldern und dem atlantischen Ozean, am großen Lac d'Hossegor, auf dem jeder nur erdenkliche Wassersport betrieben wird. Schon in den frühen Jahren des 20. Jahrhunderts sprach sich Hossegor als Resort für Künstler, Schriftsteller und wohlhabende Bürger herum, die es zu einem beliebten Urlaubsziel gemacht haben. Das Preisniveau ist etwas gehoben, die Atmosphäre und der atemberaubende Küstenstreifen entschädigen aber dafür.

Schicke Villen und Häuser mit weißem Mauerwerk und bunten Balken säumen die Gegend rund um den Lac d'Hossegor. Einige sind Paradebeispiele der »Labourdine«, der baskischen **Bäderarchitektur**, zum Beispiel das Sporting Casino oder das Hotel du Lac direkt am See. Als sich das Städtchen zwischen dem Ersten und Zweiten Weltkrieg – nach dem großen Boom der Kur- und Badeorte wie Biarritz und damit unabhängig davon – zum Küstenbadeort entwickelte, ließen sich die Architekten von diesem baskischen Stil und ihrer eigenen landischen Bauweise inspirieren und entwickelten daraus diese einzigartige, für Hossegor typische Architektur. Etwa 400 Villen wurden damals gebaut und viele davon vor einigen Jahren aufwendig restauriert. So konnten der Baubestand und das homogene Bild rund um den Lac d'Hossegor erhalten werden, was den besonderen Charme dieses Städtchens ausmacht. Um diesen zu entdecken, empfiehlt sich eine Erkundung zu Fuß oder auf dem Rad rund um den See.

Oben: Der entspannte Campingplatz Les Chevreuils
Unten: Baskische Bäderarchitektur in Soorts-Hossegor

ROCK FOOD
BEIGNETS
GLACES

JEANNE
GLACES MAISON
AU LAIT FRAIS
TANTE JEANNE
FERMIER
HOSSEGOR

GLOBE
ACIER

Das Herzstück von Hossegor ist die **Fußgängerzone** (Avenue de la Gare, Avenue du Touring Club) mit mehr als 150 Geschäften. Hier findet man viele Surfshops von allen großen und kleinen Marken (Billabong, Quiksilver, Rip Curl etc.), aber auch kleine französische Boutiquen und nette Einrichtungs- und Lifestyle-Läden – und mittendrin immer wieder trendige Cafés, einen Eisladen oder ein schickes Restaurant. Wer auf Schnäppchensuche ist, sollte aber besser im großen Outletcenter im Gewerbegebiet von Hossegor an der Route des Lacs vorbeischauen – dort haben fast alle großen Surfshops noch einen extra Outletstore.

Tante Jeanne
45 Avenue Paul Lahary, 40150 Soorts-Hossegor
Stylisches Café mit richtig leckerem Eis: riesige Kugeln, wechselnde, ausgefallene Sorten; außerdem Weinbar und trendige Gerichte

Die **Halles** sind ein beliebter Treffpunkt für Einheimische und Touristen von Hossegor. Von außen eher unscheinbar, herrscht innen reges Treiben. Hier kannst du täglich frische, regionale Produkte von den umliegenden Produzenten kaufen und sie später im Camper zubereiten. Knapp 20 Produzenten aus dem Umland bieten von Austern über Obst und Gemüse bis hin zu Fisch, Fleisch und leckeren Backwaren alles Erdenkliche an. Wer möchte, kann es sich in der Mitte der Markthalle an den Tischen gemütlich machen und dort französische, italienische oder sogar orientalische Spezialitäten genießen und das lebhafte Gewusel beobachten. Übrigens: Jeden Sonntag findet auf dem Vorplatz der Wochenmarkt von Hossegor statt.

Halles
Täglich 8–15 Uhr
50 Avenue Jean Roger Sourgen,
40150 Soorts-Hossegor

Wenn die Fischer von ihren täglichen Ausfahrten mit vollen Netzen und besonderen Fängen wieder in den Hafen von Capbreton einlaufen, beginnt ein geschäftiges Treiben auf dem kleinen **Fischmarkt von Capbreton**. Kisten werden von Bord gehoben, Eis auf die Verkaufsflächen gestreut, der Fisch begutachtet, geputzt und gewogen. Keine Stunde nach Ankunft im Hafen liegt er verkaufsbereit auf dem Tisch. Allein die Ankunft der Fischer ist ein Spektakel, besonders, wenn sie seltene Beute wie beispielsweise einen kleinen Hai gemacht haben und diesen stolz ihren Kollegen auf dem Markt präsentieren. Frischeren Fisch als hier kann man an der Atlantikküste kaum finden, denn bevor er zur Fischauktion

Oben links: Köstliches Eis bei Tante Jeanne
Oben rechts: Spezialitäten in der Markthalle
Unten: Die belebte Fußgängerzone von Soorts-Hossegor

nach Saint-Jean-de-Luz oder von dort aus in den weiteren Verkauf geht, landet er hier auf dem Verkaufstresen.

Fischmarkt von Capbreton
Täglich ca. 9–12 Uhr oder 15–18 Uhr
Quai Georges Pompidou BP 49,
40130 Capbreton

Aktivitäten in Hossegor

Bis in die 1960er-Jahre vertrieb man sich in Hossegor die Zeit vor allem mit den sogenannten »sports élégants« – also mit Golf, Tennis und einer Art baskischem Squash … bis sich Mitte der Sechziger die ersten **Surfer** in die Wellen stürzten. Sie kamen vor allem, um »la Nord« zu surfen, die berüchtigte Welle im nördlichen Teil des Stadtstrands, die sich aufgrund der Topografie im Ozean zu hervorragenden Barrels auftürmt. Schnell erlangte Hossegor weltweite Bekanntheit unter den Surfern, und bereits in den 70er-Jahren wurde der erste internationale Surfwettbewerb ausgetragen. Danach gab es kein Halten mehr; die besten Surfer kamen aus aller Herren Länder – USA, Australien, Südafrika –, um selbst einmal die berühmte »Nord« zu surfen, und die einschlägigen Marken hielten Einzug in das lässige Städtchen.

Heute ist Hossegor die heimliche Surfhauptstadt Europas. Und dieser »Hossegor«-Vibe ist ansteckend: Spätestens nach einem Brunch in der Markthalle oder den umliegenden Cafes, wenn du von einem der vielen Surfshops zum nächsten gezogen bist oder wenn neben dir zwei coole australische Surfer-Dudes von den Wellen vorne an der Küste schwärmen, bist du mittendrin. Denn die berühmten Breaks sind nicht nur etwas für die Profis! Etliche Surfschulen haben sich in Hossegor etabliert und bieten vom Anfänger- über Intermediate- bis zum Fast-Profi-Level alle Arten von Kursen an. Denn nur wenige Regionen in Europa können mit ähnlich guten Konditionen zum Surfen aufwarten wie Hossegor. Wer das erste Mal aus Brett steigen möchte, sollte auf jeden Fall hier eine Probestunde nehmen! Zusammen mit einem Surflehrer wird zunächst auf dem Trockenen geübt, wie man aufsteht und sich auf dem Brett hält. Danach kann es auch schon losgehen. Anfänger starten zunächst in den etwas seichteren Wellen am Plage Centrale, direkt vor den Surfschulen. Viel Erfolg und hang loose!

Surf School Hossegor
Preis Einzelstunde ab 50 € (2 Std.)
inkl. Equipment
www.surftrip.fr

Oben: Ungewöhnlicher Fang auf dem Fischmarkt von Capbreton
Unten: Eine der vielen Surfschulen in Hossegor

REQUIN
MAKO
15€/kg
Merlu en tranches

SHOP
VENTE / RENT · SALE
ECOLE DE SURF · SURF SHOP
LOCATION
VENTE-OCCASION
RENT ALL-ALQUILER
ECOLE DE SURF
SURFSCHOOL
LOCATION
à partir de 8 €
SURF TRIP

Das richtige Wellenreiten erfordert beim ersten Lernen sehr viel Durchhaltevermögen oder Geschick, während man beim **Stand-up-Paddling** (SUP) recht schnell mit sicheren Füßen auf dem Board steht. Der ruhige Lac d'Hossegor bietet das perfekte Revier, um mit den großen Boards eine entspannte Runde auf dem Wasser zu drehen. Mit stetigen Paddelbewegungen geht es vorbei an schicken Villen rund um den See, kleinen Beach Bars und Stränden mit sonnenhungrigen Urlaubern und Einheimischen. Auch Familien kommen dabei auf ihre Kosten. Und wer keine Lust auf Einzelboards hat, kann auf dem Lac d'Hossegor auch Kanus für zwei bis vier Personen mieten.

Hossegor Lake Paddle
Preis SUP 15 €/Std., Kanu 25/45 €/Std. (3/4 P.)
www.hossegor-lake-paddle.com

Mit einem Radwegenetz von mehr als 40 Kilometern darf sich Hossegor gut und gerne **»Fahrradstadt am Atlantik«** nennen. Die gut ausgebauten Radwege bieten Einheimischen und Urlaubern Gelegenheit, auch mal auf den Camper zu verzichten und die Stadt mit dem Rad zu erkunden oder den Strandtag mit einer gemütlichen Fahrradtour zu beginnen. Dabei kann man herrlich entschleunigt die Strandpromenade, die Innenstadt, die Dünen und den duftenden Pinienwald entdecken. Im Office de Tourisme sind eine Karte mit allen eingezeichneten Radwegen sowie Tipps für schöne Fahrradtouren erhältlich.

Oben: Stand-up-Paddling auf dem Lac d'Hossegor
Unten: Der flache Strand des Sees ist besonders für Familien und Kinder geeignet.

Auch ein Gourmet-Schmuckstück lässt sich auf diese Art entdecken. Es liegt etwas versteckt nach einer Fahrt durch den dichten Wald rund um Seignosse am See Étang Blanc. Familie Lesbats betreibt das Restaurant Les Roseaux schon seit 1926. Es ist ein gemütlich eingerichtetes Haus am See mit herzlichem Charme – rustikal und gleichzeitig modern –, sodass man sich sofort wohlfühlt. Vor allem aber bietet es eine fantastische Küche mit dem Besten vom Land und aus dem Wasser – in kreativen Variationen. Die Preise bewegen sich auf mittlerem Niveau; Menüs sind ab 24, Hauptgerichte ab 18 Euro erhältlich.

Restaurant Les Roseaux
Route Louis de Bourmont, 40510 Seignosse
www.restaurant-seignosse.com

Ab zum Strand!

Hossegor ohne den **Lac d'Hossegor** ist wie Surfen ohne Brett – eines gehört zum anderen. Der etwa 100 Hektar große See ist wie die vielen kleinen Küstenseen entstanden, als die Flüsse im Hinterland kanalisiert und in ein begradigtes Flussbett gebracht wurden. Zunächst vom Meer abgetrennt, drohte der See nach einigen Jahren auszutrocknen. Napoleon der Dritte fasste deshalb während seiner Reise nach Hossegor im 19. Jahrhundert den Entschluss, den See mit dem Meer zu verbinden zu lassen. Dadurch wurde der Lac d'Hossegor nicht nur größer, sondern auch vielfältiger. Aufgrund der Verbindung zum Meer ist er nun auch den Gezeiten unterworfen. Mit jeder Ebbe fließt das Wasser zum Teil aus dem Lac, nur um mit der Flut wieder hineingespült zu werden. Dadurch konnte sich im See ein neues Ökosystem bilden mit einer großen Vielfalt an Meerespflanzen, Schalentieren, Muscheln, Fischen und Co. Auch für Vögel ist der See so zu einem wichtigen Lebensraum geworden – Reiher, Kormorane, Möwen oder Schnepfen sind nur einige der zahlreichen Gäste am Lac d'Hossegor.

Aufgrund des Gezeitenwechsels eignet sich der See auch hervorragend für die Austernzucht, die mittlerweile einen Großteil des Sees einnimmt. Zucht und Verkostung sind zu einer der bekanntesten touristischen Attraktionen geworden. Daneben gehören sportliche Aktivitäten wie Stand-up-Paddling, Segeln, Kanufahren, Angeln und natürlich Baden zu den beliebtesten Aktivitäten am See. An den Stränden haben sich etliche Cafés, Restaurants und Beach Bars niedergelassen, die hier einen entspannten Nachmittag besonders angenehm machen.

Mehr als sieben Kilometer feinster Sandstrand erstrecken sich des Weiteren entlang der Küste von Hossegor und sorgen für traumhaftes Urlaubsfeeling – nicht zuletzt, da jeden Morgen um 6 Uhr eine Reinigungsmaschine über den Strand rollt, die sogar kleinste Plastikschnipsel, Bierdeckel und anderen Müll aus dem Sand siebt. So sieht er immer weiß und sauber aus, bevor die ersten Badegäste am Strand eintreffen. Der **Plage Centrale** liegt direkt vor den Bars, Restaurants und Surfschulen von Hossegor. Hier werden die Anfänger auf die Wellen losgelassen, da sie hier noch zahm und beherrschbar sind. Auch für Familien mit Kindern ist der Strand perfekt geeignet, die Geschäfte sind nah, die Wellen eher klein.

Zur Linken vom zentralen Strand schließt sich der **Plage Sud** an Capbreton und seinen Hafen an. Auch hier steht wieder Surfen auf der Tagesordnung, so manche Welle fordert hier allerdings den etwas erfahreneren Surfer. Doch auch zum Sonnenbaden und Abkühlen im Wasser ist der Strand hervorragend geeignet.

Rechts: Surfshops dominieren das Stadtbild.
Folgende Doppelseite: Sonnenuntergang am Strand von Soorts-Hossegor

THE
STOKE
HOUSE
HOSSEGOR.

Die richtigen Profi-Surfer sind weiter im Norden zu finden. Schon aus einiger Entfernung kann man am Strand von **La Nord** die Wellen mit ihren berüchtigten Barrels brechen sehen. Hier bekommst du garantiert einige coole Tricks und »Tube Rides« zu sehen! Die internationale Surfelite trifft sich alljährlich Anfang Oktober noch weiter nördlich bei **La Gravière**, wo sie um die Weltmeisterschaft im Wellenreiten konkurriert und ihre Skills auf den Boards zeigt. Dann tummeln sich hier Fernsehteams, Fotografen, Fans und das Who's who der Surfszene. Wer einmal in diese Welt eintauchen möchte, sollte sich die Events von Quiksilver (für Männer) und Roxy (für Frauen) nicht entgehen lassen.

Poulet basquaise (baskisches Huhn)

Ein typisch baskisches Gericht mit Tomaten, Paprika und dem baskischen Piment d'Espelette, einer aromatisch-fruchtigen Chilisorte, die rund um das baskischen Dorf Espelette wächst. Die AOP-Kennzeichnung (»Apellation d'Origine Protégée«) garantiert Herkunft und Qualität des Produkts.

2 große Hähnchenschenkel
200 g geräucherter Speck
500 g ganze Tomaten aus der Dose
2 große Paprika, 2 Zwiebeln
2 Knoblauchzehen
200 ml trockener Weißwein
1 TL Piment d'Espelette
3 EL Olivenöl , Petersilie
Salz, Pfeffer

Hähnchenschenkel mit 3 EL Öl in einer großen Pfanne/einem beschichteten Topf anbraten. Wenn sie goldbraun sind, herausnehmen und warm halten. Geräucherten Schinken und Zwiebel in kleine Würfel schneiden, im selben Topf zusammen 3 Min. anbraten. Paprika schälen und würfeln, Tomaten aus der Dose klein schneiden. Alles zusammen in den Topf geben und den Knoblauch hineinpressen. Einen kleinen TL Piment d'Espelette und gehackte Petersilie dazugeben, mit Salz und Pfeffer abschmecken. Weißwein angießen, das Fleisch wieder in den Topf legen und mit der Soße bedecken. Zugedeckt bei niedriger Hitze ca. 45 Min. köcheln lassen. Dazu passt ein frischer Rosé.

Entfernung/Fahrzeit
215 km/2,5 Std.

Aufenthaltsdauer
1 (Anreise) + 1 Tage

Besonderheiten
Maut ca. 10 €

Sehenswürdigkeiten
Chapelle de la Trinité, Église Monolithe, Katakomben, Tour du Roy, Cloître des Cordeliers

Aktivitäten
Stadtführung, Weinverkostungen, Weinbergs-Tour, Radtouren

ETAPPE 7

SAINT-ÉMILION

Saint-Émilion

UNESCO-WELTKULTURERBE

Zurück Richtung Norden führt unsere Reise ins Weinbaugebiet von Saint-Émilion nahe Bordeaux. Je nach Verkehrsaufkommen rund um Bordeaux kann die Fahrt auch etwas länger als zweieinhalb Stunden dauern, vor allem morgens und am späten Nachmittag sind Staus sehr wahrscheinlich. In Richtung Landesinneres verlässt man Soorts-Hossegor über die A63, der man etwa 160 Kilometer folgen muss. Dann geht es auf den Stadtring rund um Bordeaux und weiter in nordöstliche Richtung. Nach dem Ring sind es nur noch knapp 25 Kilometer auf der Landstraße N89, die bereits durch Weinberge und entlang kleiner Dörfer zum Ziel führen. Wer von Anfang an die Landstraße nehmen möchte, kann der D824 folgen, welche später zur Schnellstraße E7 wird. Die Strecke ist nur knapp 15 Kilometer länger, dauert aber mindestens eine halbe Stunde länger.

Oben: Der imposante Tour de Roy thront über der Stadt.
Unten: Die Weinberge von Saint-Émilion

Campingplatz

Entgegen der französischen Liebe zum Campen ist die Gegend rund um Saint-Émilion relativ dürftig ausgestattet, was die Anzahl von Plätzen angeht. Im Grunde genommen gibt es eigentlich nur einen Platz, der wirklich gut erreichbar ist: Camping Yelloh! Village (Achtung: in der Hauptsaison unbedingt vorher reservieren!). Glücklicherweise macht dieser Platz mit Komfort und Sympathie den Mangel wieder wett. Obwohl er zur Kette der Yelloh!-Campingdörfer gehört, ist er nicht zu groß und unpersönlich. Besonders ist seine schöne Lage mitten in den Weinbergen an einem kleinen Bach und einem großen See. Gegen eine Gebühr darf man sogar angeln oder Kanu fahren. Wer baden möchte, muss allerdings in die beheizten Pools gehen, die vor Kurzem neu gestaltet worden sind. Die 125 Stellplätze liegen schattig zwischen den Bäumen, zum Teil direkt am See, sind allerdings in der Regel von recht großen Hecken voneinander getrennt. Von Saint-Émilion ist der Campingplatz etwa drei Kilometer entfernt, mit dem Fahrrad lässt sich das Städchen in knapp 15 Minuten gut erreichen. Oder man nutzt den Shuttle-Service des Campingplatzes.

Camping Yelloh! Village – Saint-Émilion****
2 Les Combes, 33330 Saint-Émilion
Tel. +33 466 73 97 39
https://www.camping-saint-emilion.com/de/n
Ende April bis Mitte Sept.

Saint-Émilion – ein Gesamtkunstwerk

Nur knapp 1900 Einwohner zählt das Städtchen und ist trotzdem weltbekannt! Saint-Émilion und die angrenzende Weinregion wurden 1999 von der UNESCO zum Weltkulturerbe erklärt – und zwar vollkommen zu Recht. Allein die Anfahrt durch die nicht enden wollenden Weinreben ist unfassbar schön. Am besten lässt man das Fahrzeug aber auf dem Campingplatz stehen, denn Parkplätze sind in der Altstadt rar gesät. Die erkundet man viel besser zu Fuß. Die kleinen, verwinkelten Gassen, steilen Stufen, Türme und unterirdischen Grotten atmen so viel Geschichte, dass einem fast schwindelig wird.

Der Name der Stadt geht auf den heiligen Émilion aus dem bretonischen Vannes zurück. Der Mönch, berühmt für seine Wunder, gründete im 8. Jahrhundert hier zusammen mit einigen Jüngern die erste religiöse Gemeinschaft, die Stadt erhielt seinen Namen: Émilion. Vom Kult um seine Person angezogen, kamen damals verschiedene Religionsgemeinschaften in dem Ort zusammen.

Neben der Religion herrschte in Saint-Émilion in politischer Hinsicht die Jurade, gegründet Ende des 12. Jahrhunderts. Sie wurde von Mitgliedern der Oberschicht und Beamten gebildet. Heute noch hat sie vor allem eine ganz entscheidende Aufgabe: die Weine der Region weltweit zu bewerben und ihre Qualität zu garantieren. Der hiesige Weinbau hat sogar eine eigene Appellation A.O.C. (ein Schutzsiegel für die kontrollierte Herkunft) und gehört zu den ältesten Weinbaugebieten der Region. Auf rund 5700 Hektar erzeugen die Winzer von Saint-Émilion mehr Rotwein als alle anderen im Weinbaugebiet Bordeaux. Und die Qualität ist hervorragend.

An den Gründer der Stadt erinnert die **Chapelle de la Trinité** (Dreifaltigkeitskapelle). Hier soll sich der heilige Émilion in einer Höhle im Gestein niedergelassen und 17 Jahre lang gehaust haben – immerhin mit Quellwasseranschluss! –, bevor sich ihm weitere Ordensbrüder anschlossen und das religiöse Zentrum entstand. Heute kann man die Höhle samt Bett (angeblich) sowie die zu seinen Ehren gebaute Chapelle de la Trinité mit ihren mittelalterlichen Fresken besichtigen.

Oben links: Die Dreifaltigkeitskapelle von Saint-Émilion
Oben rechts: Enge und steile Gassen in der Rue de la Tertre
Unten: Blick über die Altstadt von Saint-Émilion

Logis
de la
Cadène
RESTAURANT
Cadène

pâté apéro

Direkt daneben befindet sich die unterirdische **Église Monolithe** (»Monolith«-Kirche = Kirche aus einem Stein). Wie die Grotte des Mönchs wurde sie ab dem 9. Jahrhundert in das Karstgestein gebaut. Es dauerte drei Jahrhunderte, bis die größte in Stein gebaute Kirche Frankreichs mit ihren drei Kirchenschiffen fertig war. Der von Weitem sichtbare Glockenturm wurde im 15. Jahrhundert, vermutlich aus Resten des abgetragenen unterirdischen Gesteins, ergänzt. Von diesem genießt man übrigens einen fantastischen Ausblick auf Saint-Émilion und die Weinfelder (Kosten: 2 Euro pro Person)!

Unter der Monolithkirche wiederum liegen die **Katakomben** der Stadt. Hier wurden im frühen Mittelalter die Toten durch eine Deckenluke herabgelassen und begraben. Über sie wachen drei Figuren, die sich an den Händen halten und vermutlich die Auferstehung darstellen sollen. In den Grabnischen kann man zum Teil heute noch Knochen aus dieser Zeit sehen. Alle drei unterirdischen Monumente sind nur mit einer geführten Tour, die rund eine Stunde dauert und mehrmals täglich angeboten wird, zu besichtigen.

Oben: Die Katakomben der Stadt
Unten: Köstlichkeiten im Picknickkorb des Klosters Cloître des Cordeliers

Führung unterirdische Monumente
Place des Créneaux Le Doyenné,
33330 Saint-Émilion
Preis 9 €, Kinder 6,50 € (ab 10 J.)
www.saint-emilion-tourisme.com

Der mächtige viereckige Wehrturm aus dem 13. Jahrhundert **Tour du Roy** ist vermutlich das letzte Überbleibsel des ehemaligen Schlosses von Saint-Émilion. Da es keine Aufzeichnungen über den Baubefehl oder den Nutzen dieses Bauwerks gibt, ist dazu nichts Genaues mehr bekannt. Heute dient der Turm vor allem als hervorragender Aussichtspunkt über die mittelalterliche Stadt, sofern man gewillt ist, die 118 Stufen zu erklimmen (Kosten: 2 Euro pro Person). Zweimal im Jahr ziehen übrigens die Mitglieder der Jurade (siehe Seite 144) in ihren roten Roben und Hermelinpelzen auf den Tour du Roy – im Juni für das Frühlingsfest und Ende September für das Weinlesefest – und erklären die wichtigste Zeit des Jahres, die Weinlese, für feierlich eröffnet.

Ein besonderes Highlight für Besucher ist das ehemalige Franziskanerkloster **Cloître des Cordeliers**, das mittlerweile in Privatbesitz ist. Allerdings nicht, wie man vermuten könnte, aufgrund des zum Teil gut erhalten gebliebenen Kreuzgangs aus dem 14. Jahrhundert, sondern aufgrund des beliebten Schaumweins. Denn die Besitzer des Klosters lagern in den Kellern des Gebäudes inzwischen den »Crémant de Bordeaux«, der hier auch verkostet werden kann. In einem anderen Teil des Klosters werden heute noch Macarons gebacken, die die Nonnen des Ordens der heiligen Ursula erfunden haben sollen (das Original ist übrigens weder bunt noch gefüllt). Eine 20-minütige Führung ist kostenlos und findet mehrmals am Tag statt. Das ehemalige Kloster kann jederzeit besichtigt werden.

Les Cordeliers – Snacking Pique-Nique
2 bis Rue de la Porte Brunet,
33330 Saint-Émilion
www.lescordeliers.com
Kleines Cafe im Kloster, wo man sich einen Picknickkorb mit Sekt, Baguette, Käse, Marmelade usw. packen lassen kann. Historischer und romantischer geht nicht!

Macarons von Mme. Fermigier
Rue Guadet, 33330 Saint-Émilion

Aktivitäten in Saint-Émilion

Bei einer **geführten Stadttour** durch Saint-Émilion kannst du die Stadt besonders gut kennenlernen. In überschaubaren Gruppen von maximal 25 Personen geht es zu Fuß durch den mittelalterlichen Stadtkern und zu den wichtigsten Highlights der Stadt: zuerst hinab zu den drei unterirdischen Monumenten, dann hinauf zu den besten Aussichtspunkten. Der Weg nach oben führt über steile Straßen, die sogenannten »tertres«, die den unteren mit dem oberen Teil der Stadt verbinden. Dabei erfährst du viel über die Geschichte der Stadt bis zum heutigen Tag – mit Zwischenstopps bei den Überresten der Stadtmauer und verschiedenen Klöstern. Der krönende Abschluss ist ein fantastischer Blick über die Stadt und die angrenzenden Weinberge.

Stadtführung
Preis 13 €, Kinder 10 € (ab 10 J.)
Start: Office de Tourisme, Place des Créneaux
Le Doyenné, 33330 Saint-Émilion

Les Bistrot des Vignobles
20 Rue de la Porte Bouqueyre,
33330 Saint-Émilion
Charmante Weinbar mit Restaurant; wunderschöner Garten und kleine Terrasse im hinteren Bereich

Restaurant La Puce
323 Grand Bigaraux, 33330 Saint-Émilion
Klein, von außen unscheinbar; gute und vor allem günstige französische Landküche wie bei Muttern

Oben: Macarons von Mme. Fermigier
Unten: Blick von oben auf den Marktplatz

FABRICATION ARTISANALE
Sans colorant ni conservateur
FABRICATION ARTISANALE
Sans colorant ni conservateur
FABRICATION ARTISANALE
Sans colorant ni conservateur
Véritables Macar
de Saint-Émilion
fabriqués par Nadia FERMIGIER
Produits frais, fabriqués chaque jour,
les Macarons de Saint-Émilion se conser
quinze jours dans le bas de votre réfrigé
Il convient de les sortir une heure ava
consommation.
Macarons
La Boite de
24
9.00 €
Recette des
de
France

Wie verkostet man Wein eigentlich richtig? Worauf muss man achten und wie nähert man sich dem Wein am besten an? Die Maison du Vin in Saint-Émilion bietet seit Kurzem bei einem **Wine Tasting** mit einem Sommelier ca. 45-minütige Einführungen in diese Kunst. Der Sommelier-Trainer gibt in entspannter Atmosphäre einen Einblick in seine Kunst und erklärt anhand von vier Modulen die wichtigsten Punkte zur richtigen Verkostung. Nebenbei lernt man die prämierten Weine der Region wie den Saint-Émilion, den Saint-Émilion Grand Cru und andere kennen. Mit diesem Wissen kannst du beim nächsten Weinabend mit Freunden auf jeden Fall angeben!

Wine Tasting mit Sommelier
Maison du Vin, 1 Place Pierre Meyrat,
33330 Saint-Émilion
Preis 25 €/P.
https://www.maisonduvinsaintemilion.com/

Zusammen mit einem Winzer könnt ihr eine besonders schöne **Tour durch die Weinberge** (evtl. in Kombination mit einer längeren Wanderung) machen. Auf versteckten Wegen rund um Saint-Émilion mit atemberaubenden Aussichten geht es zu Fuß durch die Weinberge. Dabei erfahrt ihr alles über die sogenannten Appellationen und Klassifizierungen der Weine aus Saint-Émilion sowie die Geschichte der alten Weingüter der Region. Außerdem erfährst du auf der rund zweistündigen Tour alles über Anbau, Herstellungsprozess sowie Alterung der Weine in Fässern und Kellern der Weingüter. Und natürlich gibt es zum Abschluss auch noch eine kleine Kostprobe.

Tour durch die Weinberge
Reservierung/Start: Office de Tourisme, Place des Créneaux Le Doyenné, 33330 Saint-Émilion
Preis: Erwachsene 15 €, Kinder 9 € (ab 10 J.)
www.saint-emilion-tourisme.com

Natürlich kann man auch auf eigene Faust die Weinberge und -güter rund um Saint-Émilion bei einer **Radtour** erkunden. Beim Office de Tourisme gibt es einen Plan der Weingüter – damit musst du dich nur noch aufs Rad setzen und losradeln. Entlang des leicht hügeligen Geländes geht es von einem Dörfchen zum nächsten. Die meisten haben neben der obligatorischen Kirche mindestens ein Weingut, bei dem man Weine probieren und sich für die weitere Reise im Camper mit ein paar Flaschen eindecken kann. Nur sonntags ist diese Radtour nicht empfehlenswert, denn da haben die meisten Weingüter geschlossen.

Oben: Weinauswahl in der Maison du Vin
Unten: Die endlosen Weinberge rund um die Stadt

L'Envers du Décor
11 Rue de Clocher, 33330 Saint-Émilion
www.envers-dudecor.com
Lebendiges Restaurant mit großer Terrasse vor historischer Kulisse gleich neben der Touristinformation. Sehr gute regionale Küche, üppige Portionen zu angemessenen Preisen, umfangreiche Weinkarte. Im Sommer reservieren!

Nachgefragt

Die besten Tipps der Locals im Interview

Carine Charpentier führt zusammen mit ihrem Mann Olivier bereits in der vierten Generation das zwölf Hektar große Weingut Chateau Haut-Jamard in Saint-Émilion. Die herzliche Winzerin spricht gut Deutsch und Englisch. Führungen und Verkostungen sind nach Anmeldung von Montag bis Freitag möglich möglich.

Hallo Carine, du führst zusammen mit deinem Mann das Weingut Chateau Haut-Jamard. Was schätzt du an deiner Arbeit?
CARINE CHARPENTIER: *Mein Mann ist bereits Winzer in der vierten Generation und ich habe mit unserer Hochzeit auch seinen Beruf, diese »Passion«, übernommen. Es ist eine sehr interessante und vielfältige Arbeit. Wir arbeiten mit der Natur und mit der Gastronomie. Wir verkaufen gastronomische Produkte und Genuss, was toll ist. Wir arbeiten auf unserem eigenen Weinberg, mit den Weinreben, und produzieren hinterher den Wein in unserem eigenen Keller. Die Flaschen verkaufen wir häufig auf Wein- oder Gastronomiemessen. Dort können wir den Menschen unsere Arbeit erklären, unsere Produkte zeigen und verkosten lassen. Wir lieben das.*

Was macht am meisten Spaß an dieser »Passion«?
CARINE CHARPENTIER: *Die interessanteste Zeit im Jahr ist die Weinbereitung. Wir arbeiten ja mit der Natur, und jedes Jahr sind die Trauben aufgrund des Wetters und der Gegebenheiten unterschiedlich. Deshalb müssen wir den Geschmack der Frucht entwickeln, beispielsweise Tannine herausziehen und das Bestmögliche aus den Früchten herausholen, um den besten Wein zu machen.*

Führung und Wine Tasting
Montag bis Freitag (bevorzugt nach Anmeldung), kostenlos
Tel. +33 557 74 51 28
http://www.vignoble-charpentier.fr/

Oben: Einkehr im traditionellen Restaurant L'Envers du Décor
Unten: Leon mit Winzerin Carine beim Wine Tasting zwischen den Reben

OUVERT TOUTE L'ANNEE
L'ENVERS du DÉCOR
MAISON FONDEE EN 1987
L' ENVERS du DECOR
RESTAURANT
Cuisine du marché
Spécialités régionales
Accords mets & vins
BAR A VINS
Grand choix
de vins au verre
CAVE
Sélection de vins à emporter
au prix de la Propriété
La Table des Vignerons
Maison de Confiance
OUVERT TOUTE L'ANNEE

Welcher ist denn dein Lieblingsort hier in der Region?
CARINE CHARPENTIER: *Die Region rund um die Dordogne ist sehr vielfältig, dort gibt es sehr viel zu sehen: viele mittelalterliche Dörfer aus dem Kalkstein, der eine ganz besondere Farbe hat, historische Weinschlösser … Wenn wir einen Ausflug machen, fahren wir oft nach Sarlat im Périgord; das ist das größte mittelalterliche Dorf in der Region und sehr schön.*

Verrätst du uns noch dein Lieblingsrezept zu euren Weinen?
CARINE CHARPENTIER: *Ich finde, Rindfleisch passt perfekt zu den Rotweinen von Saint-Émilion, zum Beispiel gegrillt auf dem Holz von Weinreben. Das gibt dann ein etwas holziges Aroma, das passt sehr gut. Der Wein ist aber auch ein guter Begleiter zu Ente mit Bratkartoffeln und Speck oder Steinpilzen.*

Übernachten im Weingut
Weingut Chateau Haut-Jamard
13 Jamard, 33570 Lussac
Tel. +33 557 74 51 28
Stellplatz mit Toilette, Übernachtung nur auf Anfrage

Winzerin Carine zeigt, wie der Wein geschnitten werden muss.

Französische Brotzeit

frischer Salat nach Wahl
1 Camembert
eine Handvoll Walnüsse
ein paar Zweige Rosmarin und Thymian
2 TL Honig, Salz und Pfeffer

4 Aprikosen
1 EL Honig, 2 EL Weißwein
ein paar Lavendelblüten

1 TL (Dijon-)Senf, 2 TL Honig
2–3 EL heller Balsamico oder Saft einer Zitrone
4–5 EL Olivenöl
100 g frische Himbeeren
Salz und Pfeffer
ein paar frische Himbeeren oder Erdbeeren zum Garnieren

Camembert in acht Ecken schneiden, bei mittlerer Hitze in die Pfanne legen. Mit etwas Honig beträufeln und mit Kräutern und Nüssen bestreuen. Etwas Salz und Pfeffer darübergeben. Käse ca. 5 Min. braten, sodass er leicht warm und etwas geschmolzen ist. Aprikosen halbieren, mit Honig, Weißwein und ein paar Lavendelblüten in einen Topf geben. Bei mittlerer Hitze ein paar Minuten köcheln lassen, sodass die Aprikosen noch leichten Biss haben. Für die Vinaigrette alle Zutaten mit einem Schneebesen vermischen, mit Salz und Pfeffer abschmecken. Gewaschenen Salat auf Tellern anrichten, mit Vinaigrette beträufeln. Camembert und Aprikosen darauf verteilen, mit etwas Fleur de Sel und Pfeffer bestreuen und mit frischen Beeren garnieren. Frisches Baguette dazu reichen.

Entfernung/Fahrzeit
175 km/2,5 Std.

Aufenthaltsdauer
1 (Anreise) + 1 Tage

Besonderheiten
Maut ca. 10 €

Sehenswürdigkeiten
Zwischenstopps: Höhlen von Lascaux, Saint-Léon-sur-Vézère
Sarlat-la-Canéda, Domme, Château de Beynac, Castelnaud, Les Milandes, Jardins suspendus de Marqueyssac

Aktivitäten
Marktbesuche, Trüffeltour, Ballonfahrt

ETAPPE 8

LE PÉRIGORD NOIR

Le Périgord Noir

KULTUR, NATUR UND KULINARIK

Um von Saint-Émilion ins »Périgord Noir«, das schwarze Périgord, zu kommen, gibt es zwei Möglichkeiten. Die etwas schnellere Route führt über die Autobahn A89 entlang der Stadt Périgueux, allerdings mit etwas mehr Kilometern und mit Mautgebühren. Alternativ kann man die Route über die Dörfer auf der Landstraße D936 nehmen. Beide Routen haben ihre Vorteile. Die Landstraßentour verläuft weitestgehend entlang der Dordogne und führt durch hübsche kleine Städte und die Ausläufer von Bergerac, das sich auch für einen kleinen Zwischenstopp anbietet. Obwohl längenmäßig kürzer, dauert die Fahrt aber etwa eine Stunde länger als die Strecke auf der Autobahn.

Letztere hat neben der früheren Ankunft am Zielort noch zwei weitere Vorteile. Zum einen führt die Route nach dem Abschnitt über die Autobahn auf die Landstraße D704 und direkt zum Dorf Montignac mit den berühmten **Höhlen von Lascaux**. Wer möchte, kann also auf dem Weg ins Périgord hier Halt machen und diese beeindruckende kulturhistorische Stätte besichtigen.

Bereits vor 20 000 Jahren wandelten Menschen durch das Tal der Vézère und hinterließen in Höhlen geheimnisvolle, beeindruckende Wandmalereien von riesigen Stieren, Herden von Auerochsen und Hirschen sowie mystischen Fantasiewesen – Lascaux ist eine der bekanntesten und schönsten Höhlen dieser Zeit. Die Originalhöhle wurde 1940 von vier Jugendlichen entdeckt, in den nachfolgenden Jahren intensiv untersucht und später für Besucher geöffnet. Dies führte zu starken Beschädigungen und Schimmel in der Höhle, sodass sie 1963 bereits wieder geschlossen wurde. 20 Jahre später eröffnete man nur 200 Meter neben dem Original die erste Höhlennachbildung der Welt für das Publikum – »Lascaux II« war geboren. Es wurde die meistbesuchte Sehenswürdigkeit der Dordogne. Da auch deren Nähe zur Originalhöhle allerdings zu Komplikationen führt(e), gibt es heute nur noch wenige Führungen in Lascaux II. Dafür gibt es – seit Dezember 2016 – »Lascaux IV«,

Idyllisches Café im romantischen Dörfchen Saint-Léon-sur-Vézère ein modernes, multimediales Zentrum für Höhlenmalerei. Hier befindet sich auf mehr als 8000 Quadratmetern eine vollständige Nachbildung der Originalhöhle (durch die man ausschließlich mit einer Führung geleitet wird), ein Kunstzentrum für weltweite Höhlenmalerei und deren moderne Gestaltung sowie das Herzstück: eine multimediale Ausstellung mit Nachbildungen aus allen Bereichen der Höhle. Hier kann man die Malereien genau anschauen und dabei erfahren, welche Bedeutung die Tierwesen hatten und wie die Menschen damals in der Höhle malten. Es ist definitiv ein einzigartiges Erlebnis und auch für Familien mit Kindern sehr empfehlenswert.

Höhlen von Lascaux
Avenue de Lascaux, 24290 Montignac
Preis 20 €, Kinder 12,90 € (5–12 J.)
www.lascaux.fr/de/

Nach dem Stopp in Montignac lädt außerdem das romantische Dorf **Saint-Léon-sur-Vézère** zu einem kleinen Rundgang ein. Das mittelalterliche Dörfchen liegt direkt am Fluss und besticht mit niedlichen Häuschen und idyllischen Cafés direkt am Ufer der Dordogne, z. B. dem Le Déjeuner sur l'Herbe – ein echter Geheimtipp!

Campingplätze

Der Campingplatz Le Garrit bei Saint-Cyprien ist ein kleiner, sehr ruhig gelegener Platz direkt am Fluss Dordogne. Die Betreiber Patrick und Regine aus der Region sorgen für eine sehr persönliche und familiäre Atmosphäre. Etwa 70 große Stellplätze unter schattigen Platanen befinden sich auf dem grünen Platz. Wer baden will, kann dies an einer kleinen Badestelle in der Dordogne machen oder in den Pool hüpfen. Die renovierten Sanitäranlagen befinden sich in einer umgebauten Scheune. Le Garrit ist ein guter Ausgangspunkt für Entdeckungen im Périgord und bietet viel Ruhe und Erholung, denn er konzentriert sich auf die wesentlichen Bedürfnisse von Campern.

Camping Le Garrit***
24220 Saint-Cyprien
Tel. +33 553 29 20 56
www.campingdugarritendordogne-perigord.com/en/
Mitte April bis Mitte Okt.

Camping Le Bosquet bei Domme befindet sich etwa vier Kilometer von Domme und sieben von Sarlat entfernt. Der kleine, familiäre Platz

Oben: Die Höhlen von Lascaux
Unten: Malerischer Sonnenuntergang beim Camping Le Garrit an der Dordogne

verfügt über 60 großzügige Stellplatz-Einheiten, alle sehr grün, von Bäumen beschattet und natürlich durch Büsche getrennt. Der Platz ist einfach gehalten, aber sehr entspannend. Die standardmäßigen Sanitäranlagen sind sauber und gepflegt und die Betreiber Odile und Philippe sehr hilfsbereit. Im Sommer gibt es für Kinder und Erwachsene ein kleines Spiel- und Spaßprogramm, unter anderem mit Bingo- und Musikabenden, Aquagym und Bastelstunden für Kinder. Und auch die Dordogne ist nur 400 Meter entfernt.

Camping Le Bosquet bei Domme***
Straße D46E3, 24250 Domme
Tel. +33 553 28 37 39
www.lebosquet.com/
Mitte April bis Ende Sept.

Der Campingplatz Le Capeyrou ist mit Sicherheit einer der schönsten der Region, denn er liegt direkt an der Dordogne und am Fuß der Burg von Beynac. Von hier aus hat man einen einzigartigen Blick auf die Burg und über den Fluss. Auch die anderen Schlösser der Region sowie die Städte Sarlat und Saint-Cyprien sind gut zu erreichen. Die 120 sehr großzügigen Stellplätze liegen zum Teil inmitten von Obstbäumen auf einer grünen Wiese. Es gibt einen beheizten Pool und ein hervorragendes, gemütliches Restaurant (Auberge Lembert) direkt nebenan. Einen Bäcker, einen Supermarkt und einen Metzger findet man direkt gegenüber.

Oben: Der familiäre und nette Platz Le Bosquet bei Domme
Unten: Camping mit Aussicht auf die Burg Beynac – Le Capeyrou

Camping Le Capeyrou***
24220 Beynac-et-Cazenac
Tel. +33 553 29 54 95
www.campinglecapeyrou.com
Anfang Mai bis Ende Sept.

Auberge Lembert
Le Capeyrou, 24200 Beynac-et-Cazenac
www.lembertfoiesgras.com
Hauptsächlich lokale Speisen, Fokus auf Gans und Ente, sehr gute Qualität, etwas höherer Preis. Überdachte Terrasse, wunderschöner Blick auf die Burg. Rechtzeitig kommen oder vorher reservieren!

Le Périgord Noir – Sightseeing vom Feinsten

Vorweg eine kleine Warnung an alle Figurbewussten: Auf einer Tour durch die Périgord-Region ist es sehr, sehr schwierig, nicht zuzunehmen. Das Gute daran: Alles schmeckt fantastisch! Die Dordogne-Region, auch das schwarze Périgord genannt, zählt zu den Juwelen Aquitaniens, sowohl wegen ihres

Kultur- und Naturerbes als auch wegen ihrer gastronomischen Köstlichkeiten. Der Name »Périgord Noir« kommt von den dichten, dunklen Eichenwäldern, die typisch für die Region rund um Sarlat-la-Canéda sind. Das Städtchen ist übrigens das kulinarische Zentrum der Region. Dort findet regelmäßig ein großer Markt statt mit wunderbaren lokalen Spezialitäten, mit denen der Camper-Kühlschrank vollgestopft werden kann. Gleichzeitig ist das Périgord aber auch reich an prähistorischen Stätten, Schlössern und Burgen, Klöstern und Höhlen, die von der UNESCO zum Weltkulturerbe erklärt und unter Denkmalschutz gestellt wurden.

Der besondere Charme des Städtchens **Sarlat-la-Canéda** gründet auf seiner mittelalterlichen Altstadt mit ihren gut erhaltenen Häusern aus dem 15. und 16. Jahrhundert. Die honig-ockerfarbenen Gemäuer verbreiten im sanften périgordinischen Licht eine zauberhaft romantische Atmosphäre. Herzstück ist der Place de la Liberté, auf dem der berühmte Wochenmarkt stattfindet. An den restlichen Tagen empfiehlt es sich, auf dem belebten Platz von einem der vielen Straßencafés aus bei einem Café au lait das rege Treiben zu beobachten. Auf dem von Türmchen und Treppen gesäumten Place du Marché-aux-Oies direkt hinter dem großen Place de la Liberté hat man dem berühmtesten Tier des Périgord, der Gans, ein Denkmal gesetzt. Auch heute findet hier im Winter immer noch jeden Samstag ein Gänsemarkt statt, auf dem es alle erdenklichen Gänseprodukte (u. a. auch die umstrittene Gänsestopfleber) zu kaufen gibt. Am besten schlendert man einfach ein bisschen durch die engen Gässchen der Altstadt, besichtigt die vielen kleinen Läden und gönnt sich zwischendurch in einem der vielen Restaurants die eine oder andere schmackhafte Rast.

Auberge Le Mirandol
7 Rue des Consuls, 24200 Sarlat-la-Canéda
www.restaurant-auberge-mirandol-sarlat.fr
Exzellente Speisen aus der Region, sehr faire Preise (Menu Périgord mit Vor-, Hauptspeise und Wein für 18,50 €), zuvorkommender Service. Highlight: die steinerne Höhle im hinteren Teil des Restaurants.

Hoch oben über der Dordogne thront das trutzige kleine **Bastidendorf Domme**, das im Jahr 1283 von Philipp dem Kühnen gegründet wurde. Seine sehr exponierte Lage auf einem 150 Meter hohen Felsen war prädestiniert für die Rolle als wehrhafte Bastide im Hundertjährigen Krieg gegen die Engländer. Bis heute ist das Dorf in seiner ursprünglichen Form erhalten – starke Stadtmauern mit engen kleinen Stadttoren bewachen die schmalen, rechtwinkligen Gassen und Straßen mit den ockerfarbenen Häusern. In ihnen

Oben: Wochenmarkt in Sarlat-la-Canéda
Unten: Carina genießt den Ausblick von den Jardins de Marqueyssac.

Terre Sauvage

befinden sich mittlerweile viele kleine Läden, die Kunsthandwerk und Spezialitäten der Region verkaufen. Tipp: Vom Aussichtspunkt Belvedère ganz im Norden des Dörfchens hat man einen fantastischen Blick über die Landschaft!

Parken in Domme
Die Serpentinen hinauf zum Bastidendorf sind sehr steil und die Stadttore eng! Parkplätze sind zudem extrem rar und meist nicht für Wohnmobile geeignet. Deshalb unbedingt unten parken und zu Fuß gehen oder mit dem Bus hinauffahren!

Ebenfalls hoch über der Dordogne auf einem Felsen thront das stolze, majestätische **Château de Beynac**, eine der ältesten, schönsten und am besten erhaltenen Burgen des schwarzen Périgord. Wer die Landstraße D703 durch das Périgord fährt, wird unweigerlich an ihr vorbeikommen. Besonders im Abendlicht verzaubert die Burg mit ihren warm-goldenen Kalksteinmauern und den Spiegelungen im dunkelgrünen Wasser der Dordogne ihre Besucher. Die massive Wehranlage wurde bereits im 12. Jahrhundert errichtet und diente mit einer Höhe von 150 Metern über dem Fluss als hervorragender Beobachtungs- und Verteidigungsposten. Lediglich zum Landesinneren war eine doppelte Befestigungsmauer nötig, denn die schroff abfallenden Felswände hin zum Fluss verhinderten auf dieser Seite ganz von selbst jeden Angriffsversuch.

Die imposante Burg Beynac im gleichnamigen Dörfchen

Wer sie heute besichtigt, begibt sich auf eine Zeitreise ins Mittelalter – rostige Schwerter, Rüstungen und andere Waffen zeugen vom ursprünglichen Zweck der Burg. Und wird zudem mit Ausblicken der besonderen Art gekrönt – alleine dafür lohnt der steile und etwas mühselige Aufstieg durch das kleine Dörfchen hoch zur Burg. Der Weg schlängelt sich vorbei an mittelalterlichen Häuschen mit Türmchen und Wappen von einem Aussichtspunkt zum nächsten. Kleine Plätze mit Sichtachsen laden immer wieder dazu ein, den Blick über die roten Ziegeldächer und blumengeschmückten Gärten auf die Dordogne, die gegenüberliegende Burg **Castelnaud** (sie beherbergt heute ein Museum für mittelalterliche Kriegsführung) und das Schloss **Les Milandes** (ein prachtvolles Renaissanceschloss, im 20. Jahrhundert im Privatbesitz der Sängerin und Schauspielerin Josephine Baker; heute können das Schloss und die Parkanlagen besichtigt werden) sowie die Gärten von Marqueyssac schweifen zu lassen. Unten befinden sich direkt am Ufer gebührenpflichtige Parkplätze (leider nicht günstig). Auch oben an der Burg gibt es Parkplätze, allerdings verpasst man dann den wunderbaren Weg hinauf.

Château de Beynac
Route du Château, 24220 Beynac-et-Cazenac
Preise: Erwachsene 9,50 €, Kinder (11–16 J.) 7 €, Kinder bis 10 kostenlos
10–19 Uhr, ganzjährig
http://chateau-beynac.com

Mehr als 150 000 von Hand geschnittene Buchsbäume, etliche Aussichtspunkte über das Tal der Dordogne, zahlreiche Wasserfälle, Felsvorsprünge und verwunschene Alleen … In den **»Jardins suspendus de Marqueyssac«** – den hängenden Gärten von Marqueyssac – kommt man gar nicht umhin, sich wie in einem grimmschen Märchen zu fühlen. Die über sechs Kilometer (!) langen Gartenanlagen befinden sich etwa 130 Meter über dem Tal der Dordogne auf einem lang gezogenen Felsvorsprung direkt oberhalb des Flusses. Ein kleines, steinernes Schloss empfängt die Besucher in der denkmalgeschützten historischen Anlage.

Direkt hinter dem Schlösschen erstreckt sich ein Labyrinth aus fantasievoll geschnittenen Buchsbäumen, die den Besucher direkt zu einer beeindruckenden Aussicht über das gesamte Dordogne-Tal führen. Weiter geht es durch romantische Alleen, zu geheimnisvollen Hütten und hinauf auf kleine Baumhäuser. Wahrscheinlich triffst du dabei auch auf den einen oder anderen dort frei lebenden Pfau. Besonders romantisch wird es zudem an lauen Sommernächsten im Juli und August, wenn donnerstagabends der ganze Park mit Kerzen illuminiert ist – ein unvergessliches Erlebnis!

Les Jardins de Marqueyssac
24220 Vézac
Preis 9,90 €, Kinder 5 € (10–17 J.)
Ganzjährig geöffnet
https://marqueyssac.com/?lang=de

Märkte in der Region

Das Lebensgefühl Frankreichs – und speziell des Périgord – kann man besonders gut auf einem der vielen **Wochenmärkte** entdecken. Fast jedes Dorf hat ein- bis zweimal die Woche seinen Markttag, bei dem regionale Erzeuger ihre Waren anbieten. Dort findet man nicht nur das übliche Gemüse wie Tomaten, Salat und Ähnliches, sondern vor allem hochwertige Gänse- und Entenprodukte, Walnüsse, selbst gemachte Marmeladen, Steinpilze und sogar Trüffel, lokales Craftbeer, Weine oder Spezialitäten wie den Monzbazillac-Likör. Darüber hinaus gibt es viele Stände, die schöne Kleidung, Lederwaren oder hübsches Kunsthandwerk anbieten – beliebte Souvenirs für Touristen.

Oben: Nicht verpassen – die Gärten von Marqueyssac!
Unten: Fruchtlikör auf dem Wochenmarkt

Vieille Eau de Vie
de Prunes d'Ente
Fabrication Artisanale
Distillerie La Salamandre
Temniac
24200 Sarlat
Liqueur
de Verveine
Fabrication Artisanale

NOUVELLE
RÉCOLTE
NOIX
5,95 €
Kilo

Der Wochenmarkt in Sarlat-la-Canéda ist wohl der bekannteste und größte Wochenmarkt der Region und ein absolutes Muss für alle Fans eines gepflegten Marktbummels. Das Ereignis zieht Touristen und Einheimische gleichermaßen an. Neben dem Freiluftmarkt gibt es am Ende des Platzes noch einen überdachten Markt in der alten Kirche von Sainte-Marie Sarlat, der täglich vormittags geöffnet hat. Der Wochenmarkt in Saint-Cyprien ist weniger touristisch, die Atmosphäre etwas gemächlicher und entspannt, das Angebot an Produkten aus der Region aber ähnlich wie in Sarlat-la-Canéda.

Seit ein paar Jahren ist – vor allem in der Hochsaison (Juli und August) ein neuer Trend zu beobachten: die sogenannten »**marchés nocturnes**« (Nachtmärkte). Dabei steht vor allem der Genuss und nicht das Einkaufen im Vordergrund. Die angebotenen Waren und Speisen können direkt nebenan an langen Bänken und Tischen zusammen mit einem Gläschen Wein verzehrt werden. Neben allerlei Enten- und Gänsespezialitäten aus dem Périgord gibt es hier auch herzhaftes Barbecue und erfrischende Getränke. Bei einem gemütlichen Abend kommt man so noch einmal in den Genuss der authentischen Küche des Périgord.

Oben: Diese Trüffel hat Eduoards Hund Lino gerade erschnüffelt.
Unten: Schätze der Natur im Périgord –Walnüsse

Wochenmarkt Sarlat-la-Canéda
Mi und Sa vormittags 8.30–13 Uhr, ganzjährig
Nachtmarkt: Do 19–23 Uhr, Juli–Aug.
Place de la Liberté

Wochenmarkt Saint-Cyprien
So vormittags 8.30–13 Uhr, ganzjährig
Nachtmarkt: Do 19–23 Uhr, Juli–Aug.
Rue Gambetta

Wochenmarkt Domme
Do vormittags 8–13 Uhr, ganzjährig
Place de la Halle (vor dem Office de Tourisme)

Aktivitäten im Périgord

Trüffel ... sie sind das schwarze Gold des Périgord und mit ihrem unvergleichlichen Geschmack und einem Preis von weit über zwei Euro für ein einzelnes Gramm ein luxuriöses Vergnügen. Wie sie entstehen, ist immer noch ein Mysterium ... und das macht sie so kostbar. Wenn du wissen möchtest, wie Trüffel eigentlich wachsen und wie man sie findet, empfiehlt sich eine **Trüffeltour mit Edouard**. Ganz in der Nähe von Saint-Cyprien hat Monsieur Eduoard Aynaud-Humblet auf den Ländereien seines Bauernhauses in jahrzehntelanger Arbeit eine kleine Trüffelfarm aufgebaut. Zusammen mit Hund Lino erzählt er bei einem Spaziergang über seine Farm alles über diese exklusiven Pilze: welche Trüffelarten es gibt, wie man sie mithilfe von verschiedenen Tieren finden kann, wie das Zusammenspiel von Bäumen, Pilzen und der

Natur funktioniert und welche Gegebenheiten zusammenkommen müssen, damit Trüffel überhaupt gedeihen. Währenddessen ist Lino eifrig dabei, den Boden zu beschnuppern und nach den geheimnisvollen Pilzen zu suchen. Und tatsächlich – seine Nase ist so gut ausgebildet, dass er bei fast jeder Tour fündig wird. Um ihn dabei nicht zu stören, müssen mitgebrachte Hunde leider im Fahrzeug bleiben.

Nachgefragt

Die besten Tipps der Locals im Interview

Eduoard Aynaud ist Trüffelzüchter im Périgord und lebt mit seiner Frau und Trüffelhund Lino in einem traumhaften Bauernhaus mit weitläufigen Ländereien und einer eigenen Trüffelfarm im schwarzen Périgord. Neben der Ernte des kostbaren Pilzes bietet er Trüffeltouren mit seinem Hund an.

Bonjour Edouard, was liebst du besonders an deiner Arbeit als Trüffelzüchter?
EDUOARD AYNAUD: *Die Trüffel ist eine Faszination für sich! Sie ist ein ganz mysteriöser Pilz und es ist jedes Mal aufregend, wenn Lino und ich eine Trüffel finden. Wie bei einem kleinen Schatz: Wir wissen nie, ob wir gerade einen großen, wertvollen Pilz ausgraben oder nur einen ganz kleinen. Dieses Geheimnis macht es umso spannender.*

Wie sollen wir uns die Arbeit als Trüffelzüchter vorstellen?
EDUOARD AYNAUD: *Trüffelzüchten ist eine langfristige Arbeit, die mit viel Geduld und einem Quäntchen Glück verbunden ist. Vor mehr als 20 Jahren habe ich angefangen, die ersten Bäume zu pflanzen. Und auch heute noch pflanze ich jedes Jahr neue Bäumchen, die im Wurzelbereich mit dem Trüffelpilzgewebe versehen sind. Aber ich kann nie mit Sicherheit sagen, ob eine Trüffel darunter wachsen wird. Wenn ich zum Beispiel Wein pflanze, dann weiß ich ganz genau, was daraus wachsen wird. Vielleicht gibt es mal ein schlechtes Jahr mit zu viel Regen oder Hagel, aber das Ergebnis ist vorhersehbar. Für mich ist es unmöglich. Die Trüffel ist wie eine Diva, die nach ihren eigenen Regeln spielt. Das Zusammenspiel aus vielen unterschiedlichen Komponenten – dem Baum, dem Trüffelpilz, dem Boden sowie anderen jahreszeitlichen Gegebenheiten – bestimmt das Wachstum. Und es dauert Jahre, bis es überhaupt dazu kommt. Das erkläre ich auf meinen Touren mit Lino durch den Trüffelhain, eine weitere Komponente meiner Arbeit.*

Trüffelbauer Eduoard mit Hund Lino

Was ist der schönste Ort im Périgord für dich?
EDUOARD AYNAUD: *Ich mag das Felsendorf Rocamadour: das kleine, mittelalterliche Dörfchen auf der untersten Ebene, das sich an den Fluss schmiegt; dann die vielen Kirchen und Basiliken auf der zweiten Ebene, die sich an den steilen Felsen klammern, während ganz oben die Burg thront. Dramatisch! Dieser Ort ist immer noch magisch für mich, vor allem im Herbst oder Winter, wenn die Touristenströme weg sind.*

Kannst du uns noch dein liebstes Rezept mit Trüffeln verraten?
EDUOARD AYNAUD: *Ich finde, Trüffel passen zu allem – natürlich gut dosiert. Einfach als Öl oder in hauchdünnen Scheiben auf ein knuspriges Baguette geben oder dünn gehobelt auf Pasta oder einem Pilz-Risotto.*

Trüffelsuche
Péchalifour, 24220 Saint-Cyprien
Preise: 10 €, Kinder 5 € (10–14 J.); Trüffelverkostung inkl. Wein 6 €/P.
www.truffe-perigord.com/index.html

Absolutes Highlight unserer Reise – eine Ballontour über dem Dordogne-Tal

Wer am Ende dieser Reise noch ein absolutes Highlight erleben möchte, sollte eine **Ballonfahrt über die Schlösser der Dordogne** machen. Es ist zwar kein ganz günstiges Vergnügen, aber eines, bei dem die Erinnerung daran lange erhalten bleibt. Die Ballonfahrten starten an verschiedenen Orten, je nach Windrichtung und Wetter. Nach einer kurzen Einweisung und Erklärung des Ballonführers geht es auch gleich los. Zunächst wird der riesige Ballon ausgebreitet und mit der heißen Luft gefüllt. Dann hüpfen alle in den Korb und der Ballon hebt langsam vom Boden ab … ein unvergleichliches Gefühl.

Während die Sonne die Landschaft langsam in ein einzigartiges Licht taucht und die Menschen auf die Größe von Ameisen schrumpfen, geht es mit dem Ballon über die Schlösser und Burgen des Périgord, die man nun noch einmal aus ungewohnter Perspektive bewundern kann. Man sieht die für diese Region typischen kleinen Gabarren (frz. »gabare«) über den Fluss schippern und unzählige Dörfer am Fluss, die sich an die hohen Felsen klammern. Besonders schön ist es, wenn am Morgen noch ein leichter Nebel über der Landschaft liegt, der sich im Sonnenaufgang langsam auflöst, oder wenn man abends mitten in den Sonnenuntergang hineinfliegt.

Wir können die Touren mit Périgord-Dordogne Montgolfières empfehlen, wo alleine die ultramarinblauen Heißluftballons mit einem großen Eisvogel darauf schon ein echter Hingucker sind. Patrick Bécheau, der auch den Campingplatz Le Garrit bei Saint-Cyprien betreibt, und sein Team aus erfahrenen Ballonführern lassen dieses Erlebnis wirklich unvergesslich werden. Geschickt steuern sie die Ballons bis tief über die Wasseroberfläche der Dordogne, nur um dann im richtigen Moment wieder aufzusteigen, und als gemeinsamen Abschluss der Touren gibt es entweder ein liebevolles kleines Frühstück mit Croissants und Getränken oder einen Sekt und kleine Snacks am Abend.

Flug mit einem Heißluftballon
195 €/P., Dauer 3 Std. (Flugzeit 1 Std.)
Verschiedene Anbieter, z. B. www.perigord-dordogne-montgolfieres.com/en/

Salade de Magret de Canard fumé

Dieser Salat mit geräucherter Entenbrust vereint die typischen Spezialitäten des Périgord zu einem einfachen, schnellen, aber sehr leckeren Essen.

Geräucherte Entenbrust
Blattsalat
eine Handvoll Walnüsse
Parmesan (oder französischer Hartkäse)
1 Baguette

1 TL Senf
2 TL Olivenöl
2 TL (Apfel-)Essig
Salz und Pfeffer

Salat waschen und in mundgerechte Stücke zupfen. Entenbrust in Scheiben schneiden, Walnüsse in grobe Stückchen hacken, Hartkäse dünn abhobeln oder in sehr dünne Scheiben schneiden. Salat, Entenbrust, Walnüsse und Käse auf einem Teller anrichten. Für die Vinaigrette alle Zutaten gut mischen und über den Salat gießen. Dazu Baguette mit (wer mag) einem Tropfen Trüffelöl servieren.

Oben: Traditionelle Gabarre-Fahrten über die Dordogne
Unten: Blick aus dem Heißluftballon über den Fluss

Gabares Norbert
Norbert

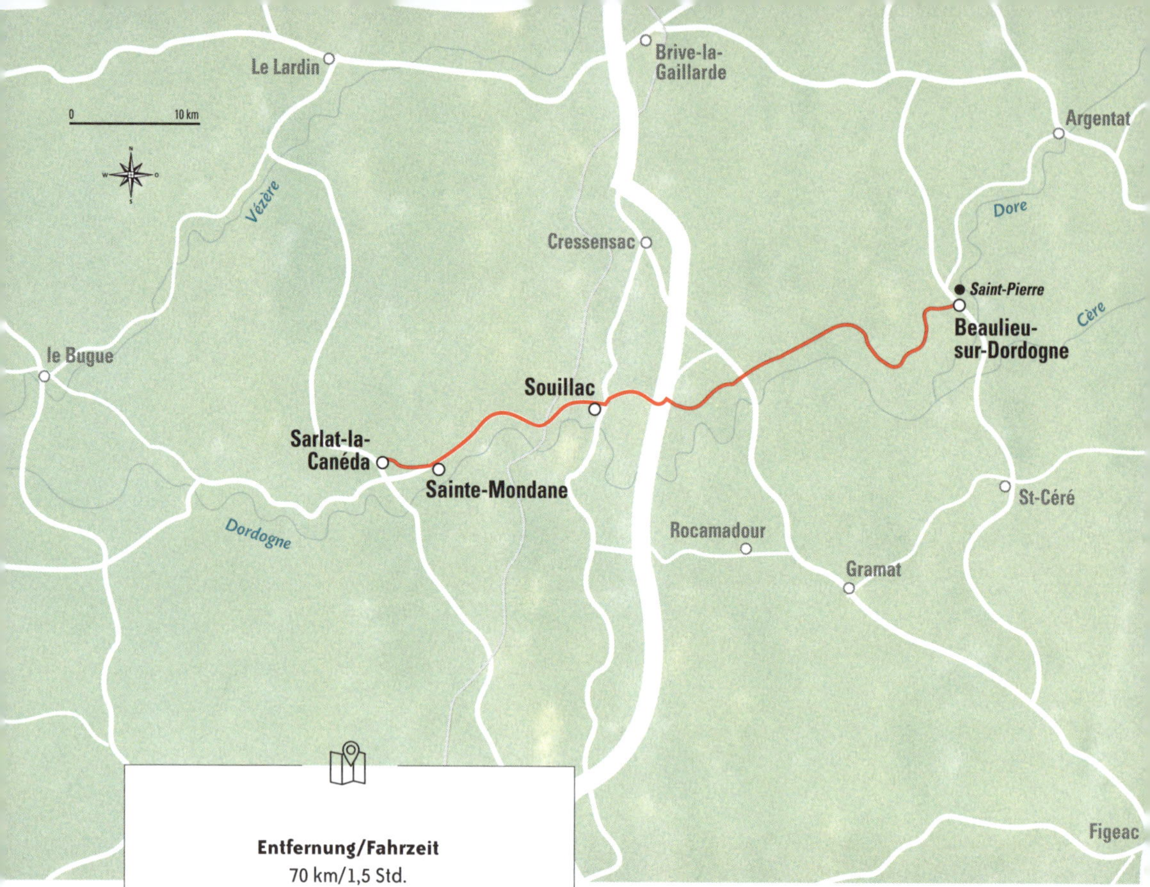

Entfernung/Fahrzeit
70 km/1,5 Std.

Aufenthaltsdauer
1 Tag (Anreise und Aufenthalt)

Sehenswürdigkeiten
Zwischenstopp: Collonges-la-Rouge
Abteikirche St-Pierre, Chapelle des Pénitents

Aktivitäten
Wochenmarkt, Flussschifffahrt, Fackeltour

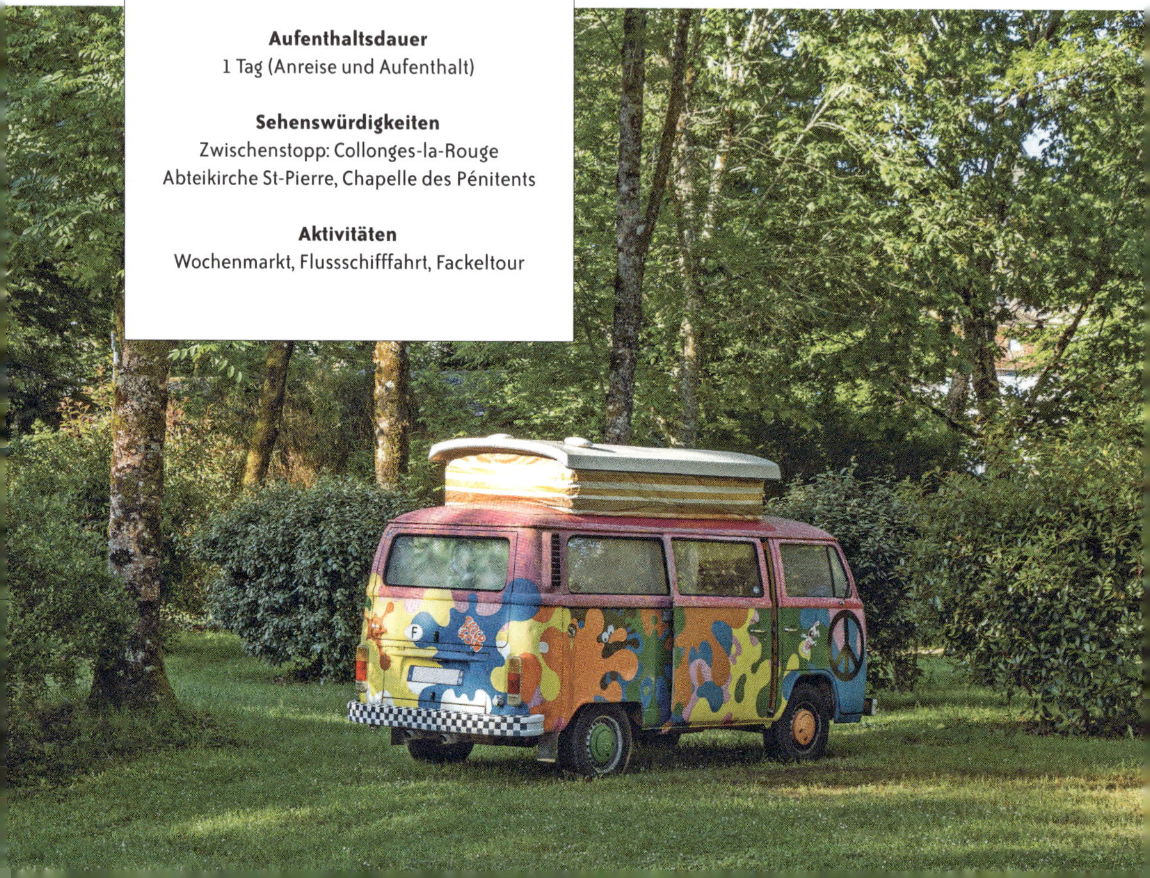

ETAPPE 9

BEAULIEU-SUR-DORDOGNE

Beaulieu-sur-Dordogne

ZEITREISE INS MITTELALTER

Die letzte Station der Frankreichreise führt ins beschauliche Beaulieu-sur-Dordogne, ein kleines mittelalterliches Städtchen und genau das Richtige, um noch einmal richtig die Seele baumeln zu lassen. Auf den Landstraßen D704 und D703 geht es zunächst entlang der Dordogne Stück für Stück weiter ins Landesinnere, während sich die Landschaft zunehmend verändert: Kleine Berge und größere Hügel tun sich auf und die Straße schlängelt sich in Serpentinen hinauf und hinunter.

Wer genug Zeit mitbringt, kann auf kleineren Umwegen noch ein paar schöne Dörfer kennenlernen – zum Beispiel das wunderschöne Örtchen **Collonges-la-Rouge**, das zu den »schönsten Dörfern Frankreichs« gehört. Tatsächlich war »La Rouge« (die Rote) das erste Dorf, das diese Auszeichnung erhielt. Es liegt am Hang eines sanften Hügels und besteht fast ausschließlich aus Gebäuden aus rotem Sandstein – daher auch der Name. Mehr als 20 kleine, runde Türmchen ragen an den Häusern aus dem 16. und 17. Jahrhundert in die Höhe. In den kleinen, engen Gässchen kann man sich bei einem Spaziergang wunderbar verlieren; besonders am Wochenende und an Feiertagen kann es hier aber auch recht voll werden, sodass es in dem 500-Seelen-Ort nicht mehr ganz so idyllisch ist. Einen kleinen Abstecher ist er aber in jedem Fall wert.

Bunter Bulli-Kumpane auf dem Campingplatz

Campingplätze

Der Drei-Sterne-Campingplatz Huttopia Beaulieu-sur-Dordogne liegt auf einer grünen Insel inmitten der Dordogne. Der naturnahe Platz hat 185 große Stellplätze, allesamt schattig unter Bäumen auf einem Wiesengelände. Die Komfortplätze (ca. fünf Euro Aufpreis) liegen direkt an der rauschenden Dordogne, sodass man morgens die Füße ins Wasser halten kann. Weitere Pluspunkte: eine schöne Fachwerkhaus-Rezeption, neue Sanitäranlagen aus Holz und sehr modern, ein Swimmingpool sowie ein Planschbecken für Kinder, Tischtennisplatten, ein Boule-Bereich und ein Kicker. Im Sommer wird Familien- und

Kinderprogramm geboten, man kann angeln oder eine Kanutour buchen, ein Imbisswagen verkauft Pizza und Co. direkt am Pool und im kleinen Minimarkt erhält man Lebensmittel und frisches Baguette.

Camping Huttopia***
Boulevard Rodolphe de Turenne,
19120 Beaulieu-sur-Dordogne
Tel. +33 555 91 02 65
https://europe.huttopia.com/de/site/camping-beaulieu-sur-dordogne/
Mitte April bis Ende Sept.

Wer nur einen einfachen Wohnmobilstellplatz ohne Komfort benötigt, für den ist Aire de Camping Car genau das Richtige. Die etwa 20 Stellplätze befinden sich entlang einer Straße auf einfachem Kiesboden mit ein paar Bäumen. Da es weder Toiletten noch Sanitärgebäude gibt, ist der Platz nur für autarke Wohnmobile empfehlenswert.

Aire de Camping Car
Rue Gontrand Royer,
19120 Beaulieu-sur-Dordogne
www.beaulieu-sur-dordogne.fr/actualites/aire-de-camping-cars
Ganzjährig geöffnet

Beaulieu-sur-Dordogne – der Name ist Programm

Beaulieu-sur-Dordogne ist ein Ort, in dem verliebte Pärchen wahrscheinlich eine ganze Woche bleiben könnten, so romantisch kommt das malerische Städchen daher. Die Dordogne verleiht ihm eine herrlich pittoreske Atmosphäre, und die alten, kleinen Häuser und Kirchen entführen ihre Besucher beim Spaziergang durch die schmalen Gassen auf eine Zeitreise zurück ins Mittelalter.

Der Erzbischof von Bourges gab dem Ort im 9. Jahrhundert seinen Namen. Verzückt von der Schönheit dieses Fleckchens Erde taufte er ihn – damals noch auf Latein – auf »bellus locus«. Der »schönen Ort« (»beau lieu«) wuchs, Fischer und Viehzüchter sorgten für volle Kassen, aber auch die vom Erzbischof ins Leben gerufene Benediktinerabtei lockte Pilger (und damit Geld) heran. Heute leben die rund 1200 Einwohner vor allem vom Tourismus. Neben dem Flusspanorama und der Altstadt steuern die Besucher die Abtei St-Pierre und die Büßerkapelle am Wasser an. Oder sie setzen sich – typisch französisch – für ein Glas Wein auf den Place du Champ de Mars.

Aufwachen mit Blick auf die Dordogne – Camping Huttopia

CAMPING
TDI
D

Die **Abteikirche St-Pierre** ist auch heute noch einer der beeindruckendsten Sakralbauten Südwestfrankreichs. Ein Highlight dieses mittelalterlichen Bauwerks ist der kunstvolle Tympanon, ein großes Figurenbild über der Südvorhalle der Kirche. Im 9. Jahrhundert als Kloster gegründet, entwickelte sich die Kirche im Laufe der Jahrhunderte zu einer wichtigen Pilgerstätte auf dem Jakobsweg nach Santiago des Compostela. Im 12. Jahrhundert wurde aus dem Kloster eine Abteikirche, die in der nachfolgenden Zeit immer weiter umgebaut und ergänzt wurde. In dieser Zeit entstand auch das knapp sechs Meter lange Tympanon (Giebelfeld mit Skulpturen über dem Eingang), welches von der großen handwerklichen Kunst der mittelalterlichen Steinmetze zeugt. Neben einem etwa zwei Meter großen Abbild von Jesus tummeln sich viele fein ausgearbeitete Engel, Apostel und weitere Personen sowie detailreich gestaltete Tiere und Ungeheuer. Die Abtei ist von 9 bis 19 Uhr geöffnet. Auf einem fest installierten Tablet im südlichen Querschiff kann man sich über die Geschichte der Kirche, die besondere Architektur und die Restaurierung des Gebäudes informieren.

Die Abteikirche St-Pierre in Beaulieu-sur-Dordogne

Chez Colette
27 Rue du General de Gaulle,
19120 Beaulieu-sur-Dordogne
Traditionelle, hausgemachte Küche mit frischen regionalen Zutaten. Gemütlich, rot-weiß karierte Tischdecken, kleine Terrasse, freundlicher Service, sehr günstig.

Rund um die mittelalterliche Altstadt zieht sich heute noch der kreisförmige Boulevard Rodolphe de Turenne und gibt so einen anschaulichen Überblick über die Dimension der damaligen Stadt mit ihrer alten Stadtmauer. Von der Mauer ist heute nicht mehr viel übrig geblieben, einzig das aus dem Mittelalter erhaltene Tor von Sainte-Catherine gibt mit knapp zwei Metern einen Eindruck von der gewaltigen ursprünglichen Mauerstärke. Im Inneren des Altstadtrings reiht sich ein hübsches Fachwerkhäuschen an das nächste; bunte Blumen schmücken die Fenster und Straßen, kleine Geschäfte wie Bäcker, Feinkost- und Antiquitätenläden laden zu einem Bummel durch den Stadtkern ein, bevor es weiter zum eigentlichen Star des Dörfchens geht: zur Dordogne.

Der schönste Teil von Beaulieu ist eindeutig der Kai an der Dordogne mit den hübschen Fachwerkhäuschen am Ufer. Das erkannte der Erzbischof von Bourges bereits im 9. Jahrhundert, als sich an dieser Stelle, direkt am Wasser, nur das alte Dorf Vellinus befand, in dem ein paar Fischer und Winzer wohnten. Beeindruckt von diesem Ort, gründete er direkt daneben das ummauerte Beaulieu-sur-Dordogne. Das alte Vellinus am Ufer blieb hingegen ein armer Vorort. Heute ist davon nichts mehr zu sehen – der Kai an der Dordogne ist ein beliebter Ort für Spaziergänge und abendliches Zusammensein. Direkt am Wasser liegt malerisch die **Chapelle des Pénitents** (Kapelle der Büßer) mit ihrem prächtigen, dreieckigen Glockenturm. Sie stammt aus dem 12. Jahrhundert und beheimatet heute ein Heimatmuseum.

Les Flots Bleus
Place du Monturu,
19120 Beaulieu-sur-Dordogne
www.hotel-flotsbleus.com
Gourmet-Restaurant beim Logis Hotel (im Guide Michelin gelistet!). Speisen mit Raffinesse zubereitet und arrangiert, aufmerksamer Service, prämierte Weine, Preis-Leistungs-Verhältnis sehr angemessen. Große Terrasse am Fluss!

Märkte in der Region

Auch in Beaulieu-sur-Dordogne gibt es natürlich einen Wochenmarkt, auf dem man allerlei Leckereien aus dem Tal der Dordogne bekommt. Kurz vor Ende der Reise bietet es sich hier ganz besonders an, den Camper noch einmal mit Spezialitäten zu füllen! Die Erdbeeren aus der unmittelbaren Umgebung sind besonders lecker und auch sehr beliebt. Anfang Mai gibt es zu Ehren der süßen Frucht sogar ein großes Erdbeerfest in Beaulieu.

Wochenmarkt Beaulieu-sur-Dordogne
auf dem Champ de Mars
Mi vormittags (großer Markt),
Sa vormittags (kleiner Markt)
Bauernmarkt: Juli–Aug. Mo 17–20 Uhr
Place du Monturuc

Aktivitäten in und um Beaulieu-sur-Dordogne

Ein paar Schritte weiter den Kais entlang wird die Geschichte der »gabariers« der Dordogne wieder lebendig. Von Spontour und Argentat an der Dordogne starteten die **Flussschiffer** mit ihren Flachbodenbooten und lieferten Holz für die Herstellung von Fässern sowie Wein und Käse in Libourne nahe Bordeaux ab. Das Geschäft der Flussschiffer war schwierig, gefährlich und oft unrentabel, da sie mit ihren Booten nicht mehr stromaufwärts fahren konnten und deshalb die Lastenkähne nach Ankunft im Hafen für das Holz verkaufen mussten. Den Rückweg bewältigten die Männer zu Fuß; zwei bis drei Wochen waren sie unterwegs und mussten einen Großteil ihres mageren Lohns in den Herbergen auf dem Weg lassen. Mit dem Bau der Eisenbahn Anfang des 20. Jahrhunderts endete die Flussschifffahrt mit den Gabarren auf der Dordogne.

Oben: Kleine Geschäfte im Dörfchen
Unten: Die Sonnenterrasse des Gourmet-Restaurants Les Flots Bleus

EPICES & DELICES

HOTEL **
RESTAURANT
BAR

Heute kann man wieder ein wenig in die Geschichte der »gabariers« von Beaulieu eintauchen und auf der »Adèle et Clarisse«, einem originalgetreuen Nachbau eines typischen Lastenkahns, bei einer Flussschifffahrt über die Dordogne schippern. Bei diesem Ausflug erfährt man viel über die Tradition der Gabarre-Fahrten und die Geschichte des Flusses. Und gleichzeitig kann man die herrliche Aussicht vom Boot auf Beaulieu und die beeindruckende Landschaft des Dordogne-Tals genießen.

Flussschifffahrt
Preis 7,50 €, Kinder 6 €, Dauer 1,5 Std. (Tickets und Reservierungen im Office de Tourisme)
www.dordognetal.reise

Eine ganz besondere Stadtführung ist ausschließlich in den Sommermonaten Juli und August möglich: In Begleitung eines Führers kannst du jeden Donnerstag ab 21 Uhr bei einer **Fackeltour** das mittelalterliche Beaulieu-sur-Dordogne mit seinen Kirchen, Kapellen und Kais entdecken. In der Abenddämmerung und ausgestattet mit Fackeln fühlt man sich der alten Zeit viel näher und kann bei spannenden Anekdoten tiefer in die Geschichte der Stadt eintauchen. Einzige Bedingung: Französischkenntnisse, denn die Tour wird – bislang zumindest – ausschließlich auf Französisch angeboten.

Fackeltour
Preis 6 €, Kinder 4 € (ab 3 J.)
(Termine und Anmeldung im Office de Tourisme, nur im Juli und August)
www.dordognetal.reise

Links: Die „»Adèle et Clarisse« lädt im Sommer zu Bootstouren ein.
Folgende Doppelseite: Herrliche Stellplätze im Grünen mit Blick auf die Dordogne

Kartoffel-Gemüse mit Lammkoteletts

Klingt aufwendiger als es ist: Alles wird nur in einer Pfanne und einem Topf auf zwei Campingkochplatten zubereitet!

300 g kleine Kartoffeln
1 Zwiebel, 1 Knoblauchzehe
150 g grüne Bohnen
1 EL Butter oder Margarine
½ l Gemüsebrühe
4 Lammstielkoteletts (à ca. 80 g)
Salz, Pfeffer, 2 EL Öl
je 1 Zweig Rosmarin und Thymian
50 g saure Sahne

Kartoffeln gründlich waschen, in etwas dickere Scheiben schneiden. Zwiebel und Knoblauch schälen und fein würfeln. Bohnen putzen und die Enden abschneiden. Butter in einem Topf schmelzen, Zwiebeln und Knoblauch darin glasig andünsten. Brühe hinzugießen und aufkochen. Sobald die Brühe leicht kocht, die Kartoffelscheiben hinzufügen und bei mittlerer Hitze garen. Nach etwa 5 Min. die Bohnen mit in den Topf geben und weitere 10–15 Min. köcheln lassen. Fleisch waschen und trocken tupfen, mit Salz und Pfeffer würzen. Öl in einer Pfanne erhitzen, die Hälfte der Kräuter hinzugeben und die Koteletts unter Wenden 5–6 Min. braten. Sobald die Bohnen und Kartoffeln weich sind, die Brühe abgießen und dabei ca. 150 Milliliter Fond auffangen. Den Fond mit dem Gemüse, den restlichen Kräutern und der sauren Sahne mischen, mit Salz und Pfeffer abschmecken und mit den Koteletts anrichten.

Mit unserem grünen Frosch auf dem Campingplatz
Mané Guernehué in der Bretagne

IMPRESSUM

Verantwortlich: Kerstin Thiele
Lektorat: Helga Peterz
Layout: Eva-Maria Klaffenböck
Repro: LUDWIG:media
Kartografie: Huber Kartografie, München
Herstellung: Anna Katavic
Printed in Slovenia by Florjancic

★★★★★

Sind Sie mit diesem Titel zufrieden? Dann würden wir uns über Ihre Weiterempfehlung freuen. Erzählen Sie es im Freundeskreis, berichten Sie Ihrem Buchhändler, oder bewerten Sie beim Onlinekauf. Und wenn Sie Kritik, Korrekturen, Aktualisierungen haben, freuen wir uns über Ihre Nachricht an Bruckmann Verlag, Postfach 40 02 09, D-80702 München oder per E-Mail an lektorat@verlagshaus.de.

Unser komplettes Programm finden Sie unter

www.bruckmann.de

In diesem Buch wird aus Gründen der besseren Lesbarkeit das generische Maskulinum verwendet. Weibliche und anderweitige Geschlechteridentitäten werden dabei ausdrücklich mitgemeint, soweit es für die Aussage erforderlich ist.

Bildnachweis:
Alle Fotos von Carina Hofmeister und Leon Ginzel, außer: S. 99 oben links: Line Sauvant; Autorenfoto Klappe/ vorne: Michael Kruse.

Danksagung:
An dieser Stelle möchten wir uns bei unserem Kooperationspartner, der Region Nouvelle-Aquitaine, bedanken, der uns bei der Recherche und Erstellung dieses Reiseführers unterstützt hat. Des Weiteren bedanken wir uns bei den vielen regionalen Partnern, die uns vor Ort zur Seite gestanden haben. Ein herzlicher Dank geht auch an die lokalen Produzenten, die uns mit ihren Geschichten spannende Einblicke in ihren Arbeitsalltag gegeben und uns mit Geheimtipps zu der Region versorgt haben – danke Ivan, Nicolas, Line, Carine und Edouard!

Die Deutsche Nationalbibliothek verzeichnet diese Publikation in der Deutschen Nationalbibliografie; detaillierte bibliografische Daten sind im Internet über http://dnb.d-nb.de abrufbar.

Infanteriestraße 11a
80797 München

ISBN 978-3-7343-1834-4